Entdecke Europa!

Hallo! Willkommen in Europa!

Wir kommen aus verschiedenen Ländern und sprechen unterschiedliche Sprachen, aber dieser Kontinent ist unsere gemeinsame Heimat.

Komm mit und lass uns Europa zusammen erkunden! Dich erwartet eine aufregende Reise durch Raum und Zeit, auf der du jede Menge Interessantes erfahren wirst.

Dabei kannst du testen, wie viel du schon gelernt hast. Auf unserer Website **europa.eu/kids-corner** findest du das Spiel „Entdecke Europa!" sowie jede Menge andere Quizfragen und Spiele zum Thema Europa.

Entdecke auch in der Schule Neues! Bitte deine Lehrerin oder deinen Lehrer, euch in der Klasse mehr über die Themen dieser Broschüre zu erzählen. Stelle dann ausführlichere Nachforschungen in der Schulbibliothek oder im Internet an. Du könntest auch eine eigene Broschüre über deine Entdeckungen verfassen.

Bist du bereit? Dann nichts wie los!

Was findest du in dieser Broschüre?

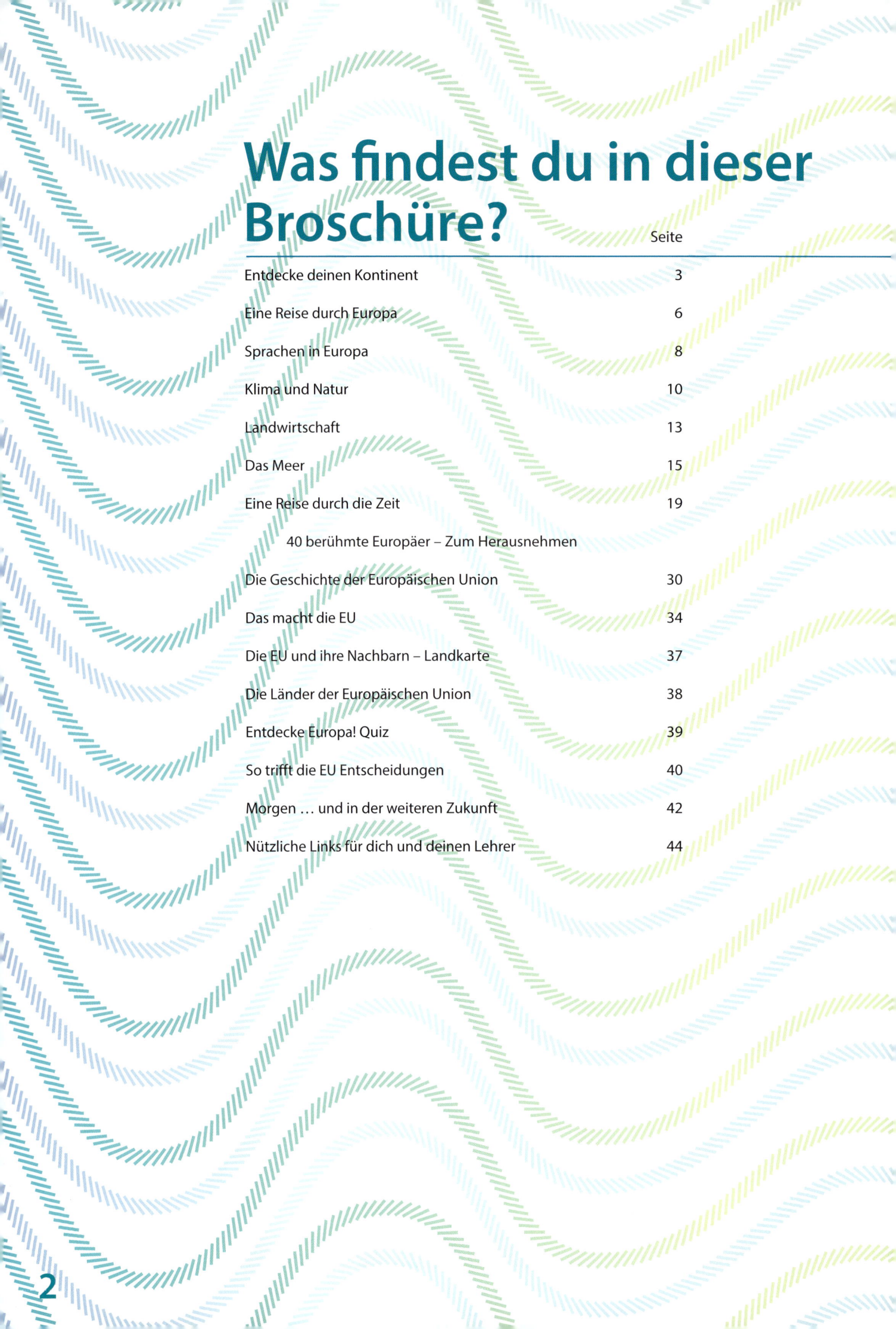

	Seite
Entdecke deinen Kontinent	3
Eine Reise durch Europa	6
Sprachen in Europa	8
Klima und Natur	10
Landwirtschaft	13
Das Meer	15
Eine Reise durch die Zeit	19
40 berühmte Europäer – Zum Herausnehmen	
Die Geschichte der Europäischen Union	30
Das macht die EU	34
Die EU und ihre Nachbarn – Landkarte	37
Die Länder der Europäischen Union	38
Entdecke Europa! Quiz	39
So trifft die EU Entscheidungen	40
Morgen … und in der weiteren Zukunft	42
Nützliche Links für dich und deinen Lehrer	44

Entdecke deinen Kontinent

Europa ist einer der sieben Kontinente der Erde. Die anderen sind Afrika, Nordamerika, Südamerika, die Antarktis, Asien und Australien/Ozeanien.

Europa erstreckt sich von der Arktis im Norden zum Mittelmeer im Süden und vom Atlantischen Ozean (kurz: Atlantik) im Westen bis zum Ural (in Russland) im Osten. Zahlreiche Flüsse, Seen und Gebirge prägen die Landschaft. Mithilfe der Karte auf Seite 4 kannst du dir einen Überblick verschaffen.

Der höchste Berg in Europa ist der Berg Elbrus im Kaukasus an der Grenze zwischen Russland und Georgien. Sein Gipfel liegt 5 642 Meter (m) über dem Meeresspiegel.

Der höchste Berg in Westeuropa ist der Mont Blanc in den Alpen an der Grenze zwischen Frankreich und Italien. Er ist mehr als 4 800 m hoch.

Ebenfalls in den Alpen liegt der Genfer See. Er ist der größte Frischwassersee in Westeuropa. Zwischen Frankreich und der Schweiz gelegen ist er 310 m tief und führt etwa 89 Trillionen Liter Wasser.

Der größte See in Mitteleuropa ist der Plattensee (Balaton) in Ungarn. Er ist 77 Kilometer (km) lang und erstreckt sich über eine Fläche von etwa 600 Quadratkilometern (km^2). Im Norden gibt es noch größere Seen, zum Beispiel Saimaa in Finnland (1 147 km^2) und Vänern in Schweden (mehr als 5 500 km^2). Das größte Binnengewässer im geografischen Europa ist der Ladoga-See. Er liegt in Nordwestrussland und gehört zu den größten Seen der Welt. Er bedeckt eine Fläche von 17 700 km^2.

Der Elbrus, Europas höchster Berg

Genfer See, Alpen

Saimaa-See, Finnland

Der Kontinent Europa

Donau-Delta, Rumänien

Einer der längsten Flüsse in Europa ist die Donau. Sie entspringt im Schwarzwald und fließt ostwärts durch Österreich, die Slowakei, Ungarn, Kroatien, Serbien, Bulgarien, Moldau und die Ukraine nach Rumänien, wo sie deltaförmig ins Schwarze Meer mündet. Insgesamt ist sie 2 850 km lang.

Das Loiretal ist für seine schönen Schlösser berühmt.

Andere große Flüsse sind der Rhein (ca. 1 320 km lang), die Elbe (ca. 1 170 km), die Loire und die Weichsel (beide sind mehr als 1 000 km lang). Findest du sie auf der Karte?

Ein Güterschiff auf dem Rhein

Große Flüsse dienen zur Beförderung der verschiedensten Güter. Waren aller Art werden auf Güterschiffe geladen und so zwischen den europäischen Seehäfen und den Städten im Landesinnern flussauf- und -abwärts transportiert.

Eine Reise durch Europa

Wusstest du, dass die Eisenbahn in Europa erfunden wurde? George Stephenson stellte 1825 in England den ersten Personenzug vor. Seine berühmte Lokomotive wurde „die Rakete" genannt und erreichte eine Geschwindigkeit von mehr als 40 Stundenkilometern (km/h), was für die damalige Zeit ein hohes Tempo war.

Die heutigen europäischen Hochgeschwindigkeitszüge unterscheiden sich sehr stark von den damaligen Dampflokomotiven. Sie sind sehr komfortabel und können auf speziellen Gleisen eine Geschwindigkeit von bis zu 330 km/h erreichen. Es werden ständig neue Schienenverbindungen hergestellt, damit man schnell zwischen den Großstädten Europas hin- und herfahren kann.

Straßen und Eisenbahnstrecken müssen manchmal Gebirge, große Flüsse oder sogar das Meer überqueren. Daher haben Ingenieure einige sehr lange Brücken und Tunnels gebaut. Der längste Straßentunnel in Europa ist der Lærdal-Tunnel zwischen Bergen und Oslo in Norwegen. Er ist mehr als 24 km lang und wurde im Jahr 2000 eröffnet.

Der längste Eisenbahntunnel in Europa ist der Gotthard-Tunnel in der Schweiz. Der zweitlängste ist der Tunnel unter dem Ärmelkanal, in dem der Hochgeschwindigkeitszug Eurostar zwischen Calais in Frankreich und Folkestone in England verkehrt; er ist über 50 km lang, und es gibt sowohl Personenzüge als auch Züge, die Autos und Lastwagen mit Insassen befördern.

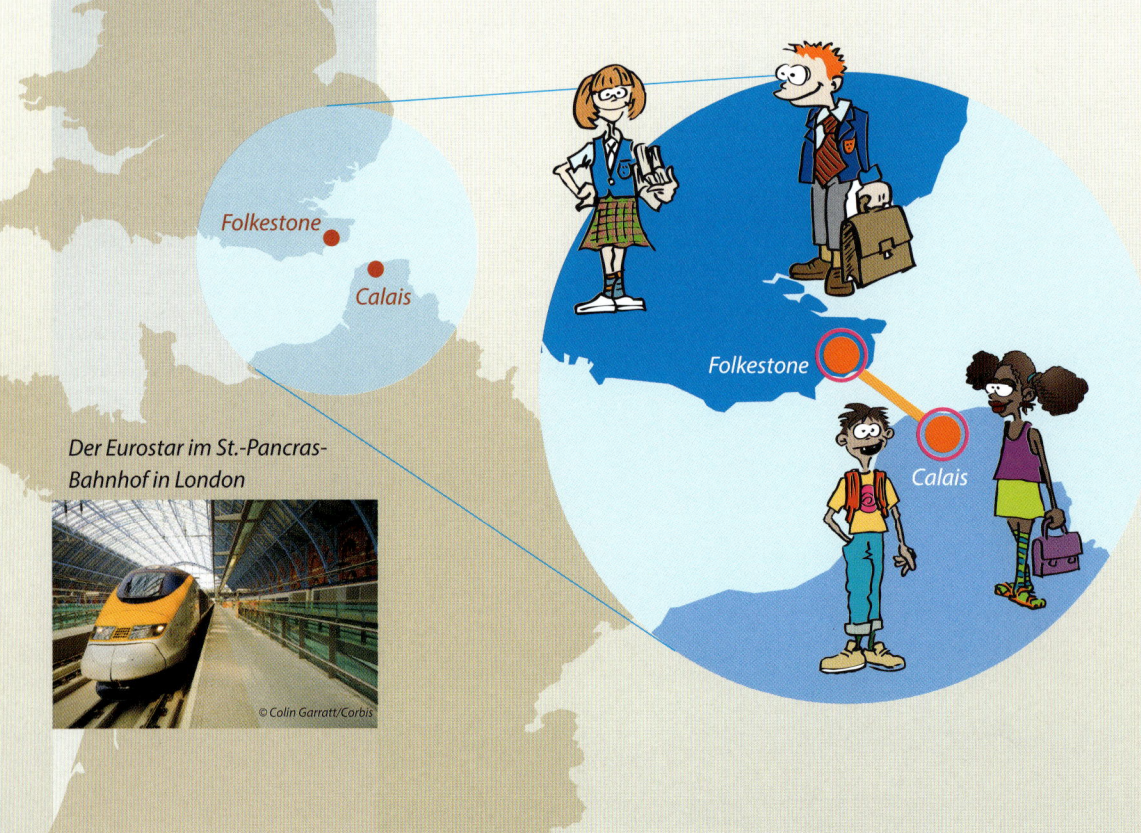

Stephensons „Rakete"

Der Eurostar im St.-Pancras-Bahnhof in London

Folkestone
Calais

Die höchste Brücke der Welt (der höchste Pfeiler misst 343 m) ist das Millau-Viadukt in Frankreich, das 2004 für den Verkehr freigegeben wurde.

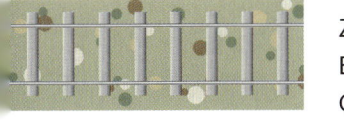

Zwei der längsten Brücken in Europa sind die Öresund-Brücke für Straßenfahrzeuge und Eisenbahn (16 km lang) zwischen Dänemark und Schweden und die Autobahnbrücke Vasco da Gama (mehr als 17 km lang), die in Portugal über den Tejo führt. Die Vasco-da-Gama-Brücke ist nach einem berühmten Entdecker benannt, über den du in dem Kapitel „Eine Reise durch die Zeit" mehr erfahren kannst.

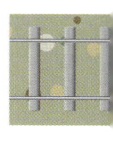

Die höchste Brücke der Welt: das Millau-Viadukt (Frankreich)

Das bisher schnellste Passagierflugzeug: die Concorde

Das größte Passagierflugzeug der Welt: der Airbus A380

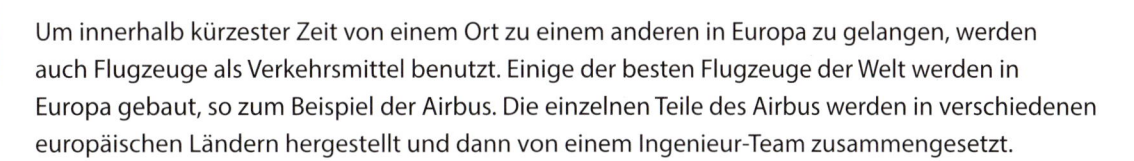

Um innerhalb kürzester Zeit von einem Ort zu einem anderen in Europa zu gelangen, werden auch Flugzeuge als Verkehrsmittel benutzt. Einige der besten Flugzeuge der Welt werden in Europa gebaut, so zum Beispiel der Airbus. Die einzelnen Teile des Airbus werden in verschiedenen europäischen Ländern hergestellt und dann von einem Ingenieur-Team zusammengesetzt.

Die Concorde, das schnellste Passagierflugzeug, das jemals gebaut wurde, wurde von einem Team aus französischen und britischen Ingenieuren entwickelt. Mit einer Geschwindigkeit von 2 160 km/h – das ist doppelte Schallgeschwindigkeit – konnte die Concorde den Atlantik in weniger als 3 Stunden überqueren! (Die meisten Flugzeuge brauchen dafür 8 Stunden.)
Die Concorde machte 2003 ihren letzten Flug.

Schneller noch als jedes Flugzeug sind Weltraumraketen wie die Ariane, die als gemeinsames Projekt zwischen mehreren europäischen Ländern betrieben wird. Allerdings ist es nicht möglich, mit der Ariane zu fliegen. Sie wird benutzt, um Satelliten, die für TV- und Mobilfunknetze, wissenschaftliche Forschungen usw. gebraucht werden, in den Orbit zu befördern. Heute werden viele Satelliten mit dieser europäischen Rakete hochgeschossen.

Der Erfolg von Concorde, Airbus und Ariane zeigt, was erreicht werden kann, wenn europäische Länder zusammenarbeiten.

Sprachen in Europa

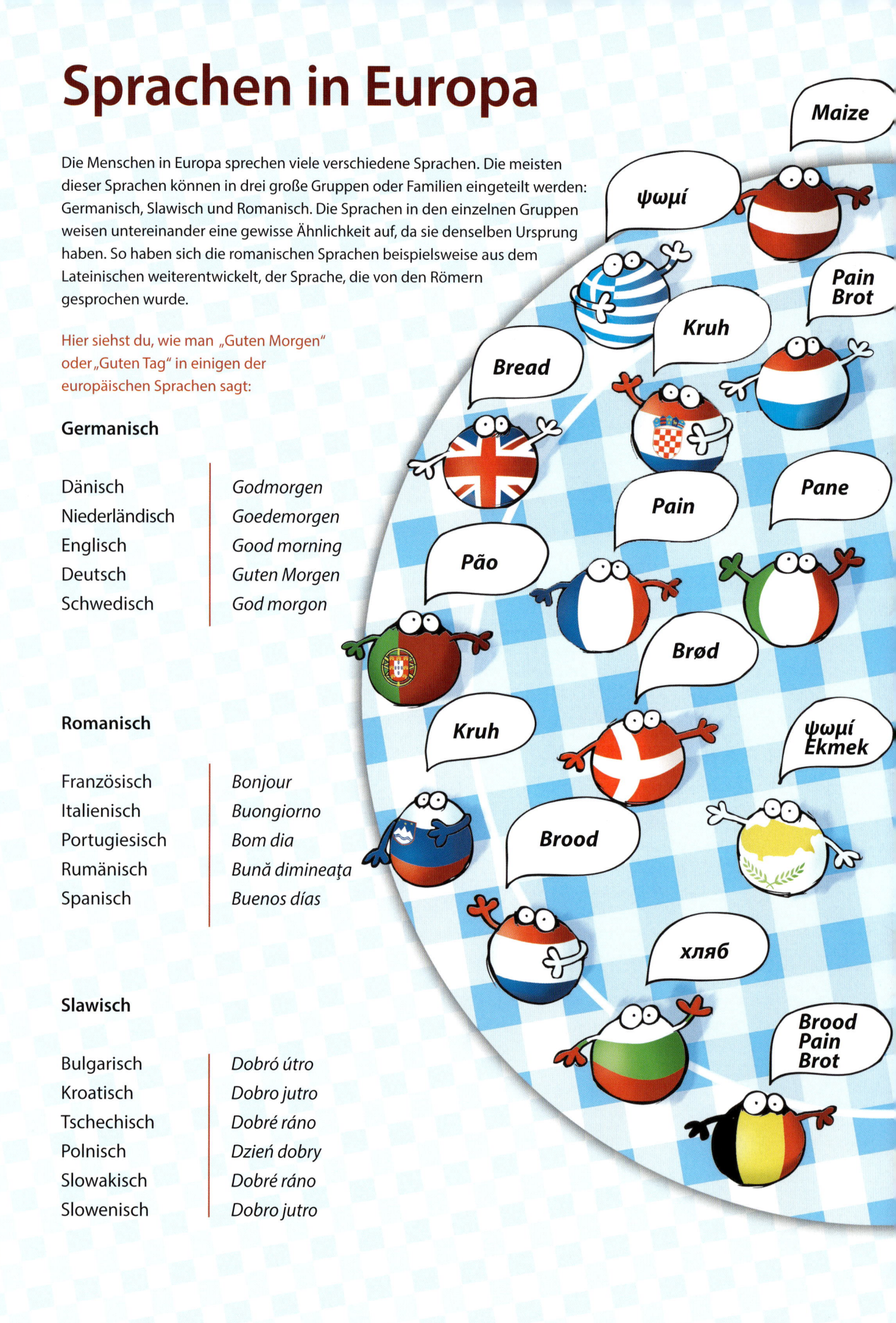

Die Menschen in Europa sprechen viele verschiedene Sprachen. Die meisten dieser Sprachen können in drei große Gruppen oder Familien eingeteilt werden: Germanisch, Slawisch und Romanisch. Die Sprachen in den einzelnen Gruppen weisen untereinander eine gewisse Ähnlichkeit auf, da sie denselben Ursprung haben. So haben sich die romanischen Sprachen beispielsweise aus dem Lateinischen weiterentwickelt, der Sprache, die von den Römern gesprochen wurde.

Hier siehst du, wie man „Guten Morgen" oder „Guten Tag" in einigen der europäischen Sprachen sagt:

Germanisch

Dänisch	*Godmorgen*
Niederländisch	*Goedemorgen*
Englisch	*Good morning*
Deutsch	*Guten Morgen*
Schwedisch	*God morgon*

Romanisch

Französisch	*Bonjour*
Italienisch	*Buongiorno*
Portugiesisch	*Bom dia*
Rumänisch	*Bună dimineaţa*
Spanisch	*Buenos días*

Slawisch

Bulgarisch	*Dobró útro*
Kroatisch	*Dobro jutro*
Tschechisch	*Dobré ráno*
Polnisch	*Dzień dobry*
Slowakisch	*Dobré ráno*
Slowenisch	*Dobro jutro*

Es ist nicht schwer, an diesen Beispielen die Ähnlichkeit innerhalb der Sprachfamilien zu erkennen. Doch es gibt andere europäische Sprachen, die nicht so stark oder überhaupt nicht verwandt sind.

So sagt man „Guten Morgen" oder „Guten Tag" in einigen dieser Sprachen:

Baskisch	Egun on
Bretonisch	Demat
Katalanisch	Bon dia
Estnisch	Tere hommikust
Finnisch	Hyvää huomenta
Gälisch (Schottisch)	Madainn mhath
Griechisch	Kalimera
Ungarisch	Jó reggelt
Irisch	Dia dhuit
Lettisch	Labrīt
Litauisch	Labas rytas
Maltesisch	L-Għodwa t-Tajba
Walisisch	Bore da

In der Sprache der Roma, die in vielen Teilen Europas leben, heißt „Guten Tag" *Lasho dyes*.

Sprachen zu lernen kann viel Spaß machen und ist auf einem Kontinent wie dem unseren auch äußerst wichtig. Viele von uns verbringen ihre Ferien gern in anderen europäischen Ländern und lernen die Menschen dort kennen. Das ist eine gute Gelegenheit, unseren Wortschatz in verschiedenen Sprachen anzuwenden.

Auf Seite 38 findest du die Flaggen aller europäischen Staaten.

Klima und Natur

... und die Schneeeule sind gut getarnt.

Der Polarfuchs ...

Fast überall in Europa herrscht ein gemäßigtes Klima – weder zu heiß noch zu kalt. Die kältesten Orte liegen im hohen Norden und im Hochgebirge. Die wärmsten Orte sind ganz im Süden und im Südosten zu finden.

Am wärmsten und trockensten ist das Wetter im Sommer (etwa von Juni bis September), am kältesten im Winter (etwa von Dezember bis März).

In Europa waren die Sommer 2010 und 2015 extrem heiß. Ist dies ein Zeichen dafür, dass sich das Klima verändert? Der Klimawandel ist ein weltweites Problem, das nur gelöst werden kann, wenn alle Länder zusammenarbeiten.

Gut durch den Winter kommen

Wildtiere, die in kalten Regionen leben, haben normalerweise ein dickes Fell oder ein wärmendes Gefieder, das bei einigen Tieren zur besseren Tarnung im Schnee weiß ist. Einige Tiere halten Winterschlaf, um Energie zu sparen.

© Klaus Hackenberg/Corbis

Der Europäische Braunbär lebt in den Bergen, wo er Winterschlaf hält.

Sogar Flamingos kommen im Frühjahr nach Europa.

Viele Vogelarten ernähren sich von Insekten, kleinen Wassertieren und anderem Futter, das in den kalten Wintermonaten nicht leicht zu finden ist. Deswegen fliegen diese Vögel im Herbst in den Süden und kommen erst im Frühjahr wieder zurück. Einige fliegen Tausende von Kilometern über das Mittelmeer und die Sahara, um den Winter in Afrika zu verbringen. Vögel, die so überwintern, nennt man Zugvögel.

Frühling und Sommer genießen

Mit dem Frühlingsanfang in Europa zwischen März und Mai wird das Wetter wärmer. Schnee und Eis schmelzen. In Bächen und Teichen wimmelt es von jungen Fischen und Insektenlarven. Die Zugvögel kommen zurück, um Nester zu bauen und ihre Jungen großzuziehen. Blumen blühen, und Bienen tragen die Pollen von einer Pflanze zur anderen.

Die Bäume treiben neue Blätter aus, mit denen sie das Sonnenlicht aufnehmen und so die Energie herstellen, die der Baum zum Wachsen braucht. In den Bergen treiben die Bauern ihre Kühe auf die Hochweiden, wo jetzt viel frisches Gras wächst.

In den Bergtälern ist der Sommer schön.

Auch kaltblütige bzw. wechselwarme Tiere wie Reptilien brauchen Sonne, um Energie zu bekommen. Vor allem in Südeuropa kannst du im Sommer oft Eidechsen sehen, die in der Sonne baden, und Grashüpfer und Grillen zirpen hören.

Eidechsen lieben das warme Wetter.

Auch Wespen mögen Früchte!

Herbst: Zeit des Wandels

Im Spätsommer und im Herbst werden die Tage kürzer und die Nächte kälter. Viele Früchte gedeihen in dieser Zeit des Jahres, und die Bauern haben viel Arbeit mit der Ernte. Auch Nüsse reifen im Herbst, und Eichhörnchen sammeln und horten große Menge davon, um sich auf den Winter vorzubereiten.

Eichhörnchen horten Nüsse als Nahrung für den Winter.

Viele Bäume werfen ihre Blätter im Herbst ab, weil nicht mehr genug Sonnenlicht da ist und sie somit nicht mehr gebraucht werden. Nach und nach verfärben sich die grünen Blätter und nehmen Gelb-, Rot-, Gold- und Brauntöne an. Dann fallen sie ab und verwandeln den Boden in einen bunten Teppich. Das Laub vermodert, reichert den Boden an und bildet so die Nahrung für kommende Pflanzen.

Dieser Kreislauf der Jahreszeiten mit all seinen Veränderungen macht die Landschaft Europas so schön und abwechslungsreich.

Der Herbst färbt den Wald bunt.

Landwirtschaft

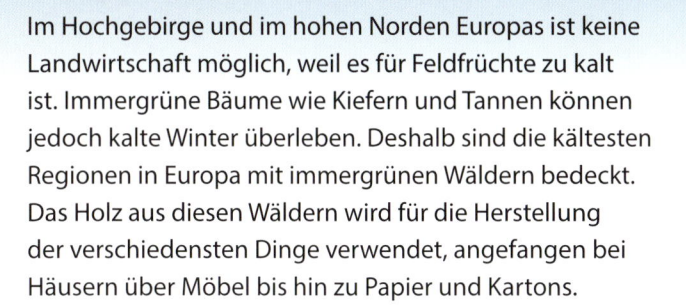

Im Hochgebirge und im hohen Norden Europas ist keine Landwirtschaft möglich, weil es für Feldfrüchte zu kalt ist. Immergrüne Bäume wie Kiefern und Tannen können jedoch kalte Winter überleben. Deshalb sind die kältesten Regionen in Europa mit immergrünen Wäldern bedeckt. Das Holz aus diesen Wäldern wird für die Herstellung der verschiedensten Dinge verwendet, angefangen bei Häusern über Möbel bis hin zu Papier und Kartons.

Weiter südlich ist das meiste Land für den Ackerbau geeignet. Hier werden die verschiedensten Pflanzen angebaut, so zum Beispiel Weizen, Mais, Zuckerrüben, Kartoffeln sowie alle Arten von Obst und Gemüse.

In den Gegenden, in denen es viel Sonne und fast keinen Frost gibt (am Mittelmeer etwa), können die Bauern Früchte wie Orangen, Zitronen, Trauben und Oliven anpflanzen. Oliven enthalten Öl, das ausgepresst und zum Kochen verwendet werden kann. Auch Trauben werden gepresst, um den Saft zu gewinnen, aus dem Wein hergestellt wird. Europa ist berühmt für seine äußerst guten Weine, die in der ganzen Welt verkauft werden.

Aus diesen Weintrauben wird Rotwein gemacht.

Die Landwirte im Mittelmeerraum pflanzen noch viele andere Obst- und Gemüsesorten an. Tomaten etwa gedeihen gut unter der südlichen Sonne. Doch Gemüse braucht sehr viel Wasser, weswegen Landwirte in heißen, trockenen Regionen ihre Felder oft bewässern müssen. Dazu wird Wasser aus Flüssen oder Grundwasser verwendet.

In trockenen Regionen müssen die Felder bewässert werden.

Grasende Schafe

Hühner liefern Eier, die viel Eiweiß enthalten und deshalb gut für unsere Gesundheit sind.

Gras gedeiht leicht überall dort, wo genug Regen fällt, auch wenn der Boden seicht und nicht sehr fruchtbar ist. Viele europäische Landwirte halten Tiere, die Gras fressen, wie Kühe, Schafe und Ziegen. Diese geben Milch und liefern Fleisch und andere wertvolle Produkte wie Wolle und Leder.

Zahlreiche Landwirte halten auch Schweine und Hühner. Diese Tiere können fast überall gezüchtet werden, weil es möglich ist, sie im Stall unterzubringen und ihnen spezielles Futter zu geben. Hühner liefern nicht nur Fleisch, sondern auch Eier. Auf einigen Bauernhöfen werden pro Tag mehrere tausend Eier erzeugt.

Es gibt in Europa sowohl sehr kleine Bauernhöfe als auch sehr große landwirtschaftliche Betriebe. Zu einigen gehören weite Felder, auf denen die Feldfrüchte leicht mit großen Maschinen geerntet werden können. In hügeligen Regionen beispielsweise haben die Bauern eher kleine Felder. Mauern und Hecken zwischen den Äckern verhindern, dass der Boden von Wind und Regen abgetragen wird. Auch Wildtieren kommen sie zugute.

Viele Menschen in Europa, die in der Stadt wohnen, verbringen ihre Wochenenden und Ferien gern auf dem Land, um die Landschaft, die Stille und die frische Luft zu genießen. Wir alle müssen unser Möglichstes für den Erhalt der Landschaft tun, damit wir uns auch weiterhin daran erfreuen können.

Schweine können im Stall gehalten werden.

Ein Flickenteppich aus Feldern in Europa

Hier macht das Wandern Spaß.

Das Meer

Europa hat viele tausend Kilometer wunderschöne Küste, die die Natur auf die unterschiedlichste Weise geschaffen hat. Es gibt steile Felsklippen, Sand- und bunte Kiesstrände, die über die Jahrhunderte vom Meer, das die Felsen abgetragen hat, geformt wurden.

In Norwegen haben Gletscher Täler mit steilen Hängen in die Küste gegraben, die man Fjorde nennt. In einigen anderen Ländern wehen Meer und Wind den Sand zu Dünen auf. Die höchste Düne in Europa ist die Düne von Pyla bei Arcachon in Frankreich. Sie erreicht eine Höhe von 107 Metern.

Viele Fisch- und andere Tierarten leben im Meer an Europas Küsten. Sie dienen Seevögeln und Meeressäugetieren wie Robben als Nahrung. Bei Ebbe kommen Scharen von Stelzvögeln an die Flussmündungen, um die im Schlamm lebenden Kleintiere zu fressen.

Der Papageientaucher nistet auf Klippen und taucht, um Fische zu fangen.

Das Meer hat diese Kalkklippen geformt.

Dieser Fjord ist durch einen Gletscher entstanden.

Die Düne von Pyla, Europas höchste Düne

Die Mönchsrobbe, eines der seltensten Tiere in Europa, lebt im Mittelmeerraum.

Stelzvogelschwärme finden ihre Nahrung bei Ebbe in Flussmündungen.

15

Mensch und Meer

Das Meer ist auch für den Menschen wichtig. Das Mittelmeer war für die Römer von so großer Bedeutung, dass sie es Mare nostrum, „unser Meer" nannten. Im Lauf der Jahrhunderte haben die Europäer alle Weltmeere befahren, andere Kontinente entdeckt und erkundet, Handel mit den dort lebenden Menschen getrieben und sich dort angesiedelt. Im Kapitel „Eine Reise durch die Zeit" kannst du mehr über diese großen Entdeckungsfahrten erfahren.

Frachtschiffe aus der ganzen Welt bringen alle möglichen Güter (die oft in Containern lagern) zu den europäischen Handelshäfen. Hier werden sie auf Züge, Lastwagen (LKW) oder Güterschiffe verladen. Die Seeschiffe nehmen dann wiederum Güter mit, die in Europa hergestellt wurden und auf anderen Kontinenten verkauft werden sollen.

Frachtschiffe bringen Güter nach Europa und von Europa in andere Kontinente.

Einige der luxuriösesten Schiffe wurden in Europa gebaut. Eines davon ist die „Harmony of the Seas", das derzeit größte Passagierschiff der Welt. Es wurde in Frankreich gebaut und lief 2016 vom Stapel.

Das größte Passagierschiff der Welt: die „Harmony of the Seas"

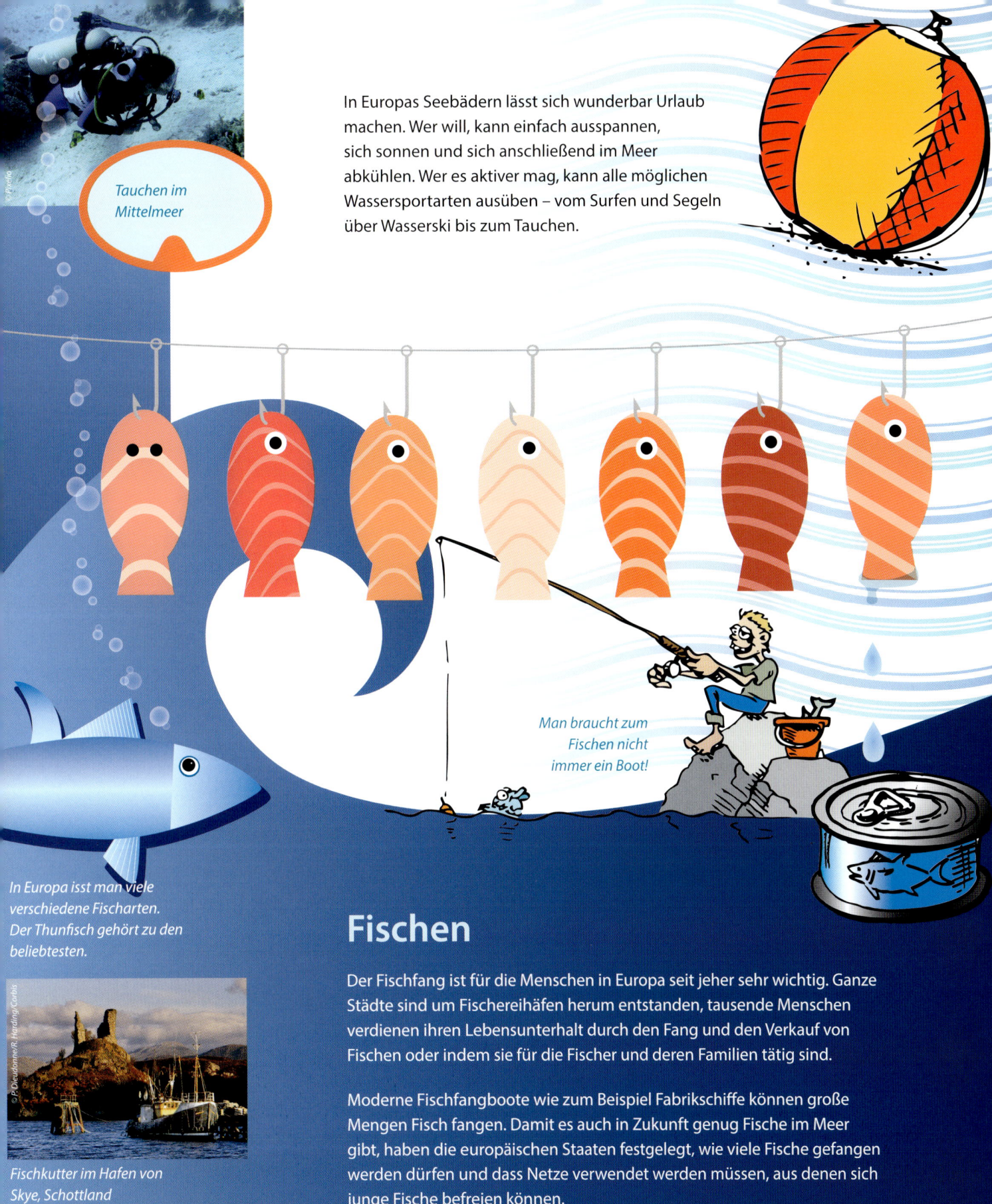

In Europas Seebädern lässt sich wunderbar Urlaub machen. Wer will, kann einfach ausspannen, sich sonnen und sich anschließend im Meer abkühlen. Wer es aktiver mag, kann alle möglichen Wassersportarten ausüben – vom Surfen und Segeln über Wasserski bis zum Tauchen.

Tauchen im Mittelmeer

Man braucht zum Fischen nicht immer ein Boot!

In Europa isst man viele verschiedene Fischarten. Der Thunfisch gehört zu den beliebtesten.

Fischen

Der Fischfang ist für die Menschen in Europa seit jeher sehr wichtig. Ganze Städte sind um Fischereihäfen herum entstanden, tausende Menschen verdienen ihren Lebensunterhalt durch den Fang und den Verkauf von Fischen oder indem sie für die Fischer und deren Familien tätig sind.

Moderne Fischfangboote wie zum Beispiel Fabrikschiffe können große Mengen Fisch fangen. Damit es auch in Zukunft genug Fische im Meer gibt, haben die europäischen Staaten festgelegt, wie viele Fische gefangen werden dürfen und dass Netze verwendet werden müssen, aus denen sich junge Fische befreien können.

Die Fischzucht ist eine weitere Möglichkeit, um sicherzustellen, dass wir genug Fisch zum Essen haben. An den Küsten Nordeuropas wird Lachs in großen Käfigen im Meer gezüchtet. Auch mit Schalentieren wie Muscheln oder Austern ist dies möglich.

Fischkutter im Hafen von Skye, Schottland

Lachszucht

Europas Küsten schützen

Europas Küste und das Meer sind äußerst wichtig für Mensch und Tier; deshalb müssen wir sie schützen. Wir müssen verhindern, dass sie durch Müll aus Fabriken und Städten verschmutzt werden. Bei Schiffsunglücken von Öltankern können riesige Mengen Öl ins Meer fließen. Strände können dadurch mit einer Ölschicht überzogen und tausende Vögel getötet werden.

Die Länder Europas arbeiten zusammen, um solche Unglücke zu verhindern und sicherzustellen, dass unsere Strände schön bleiben und die kommenden Generationen sich weiterhin daran erfreuen können.

Eine Reise durch die Zeit

Im Laufe der Jahrtausende hat sich Europa stark verändert.
Es hat eine faszinierende, aber auch sehr lange Geschichte.
Wir wollen hier nur einige der wichtigsten Etappen herausgreifen.

Prähistorische Höhlenmalereien in Lascaux, Frankreich

Die Steinzeit

Die ersten Europäer waren Jäger und Sammler. An den Wänden einiger Höhlen fertigten sie wunderbare Malereien von Jagdszenen an. Mit der Zeit wurden sie zu Bauern, erlernten Tierzucht und Ackerbau und begannen, Dörfer zu bauen.

Sie stellten Waffen und Werkzeuge aus Stein her, indem sie beispielsweise Feuersteine schärften.

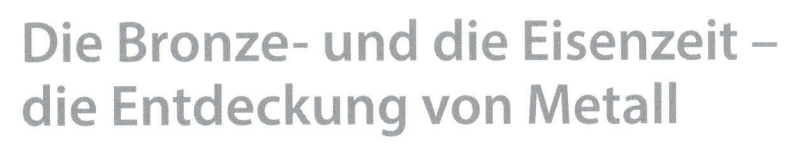

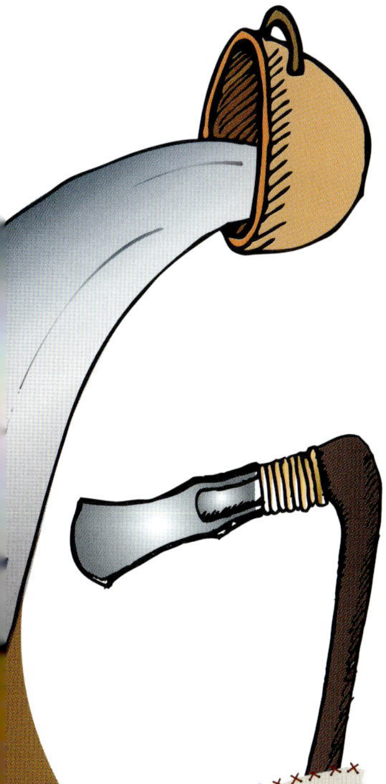

Ein Werkzeug aus Feuerstein aus der Steinzeit

Die Bronze- und die Eisenzeit – die Entdeckung von Metall

Einige tausend Jahre vor Christus (v. Chr.) entdeckten die Menschen, wie man verschiedene Metalle gewinnen kann, indem man unterschiedliche Gesteinsarten in sehr heißem Feuer erhitzt. Bronze, eine Mischung aus Kupfer und Zinn, war hart genug, um daraus Werkzeuge und Waffen herzustellen. Gold und Silber waren weich, aber sehr schön, und konnten zu Schmuck geformt werden.

Später wurde ein noch härteres Metall entdeckt: das Eisen. Die beste Eisenart war Stahl, der äußerst stabil war und nicht so leicht zerbrach. Er eignete sich daher sehr gut für Schwerter. Doch die Herstellung von Stahl war recht schwierig, weswegen gute Schwerter rar und sehr kostbar waren.

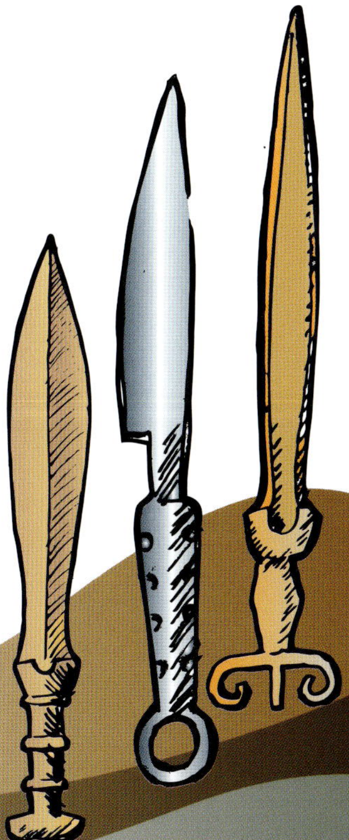

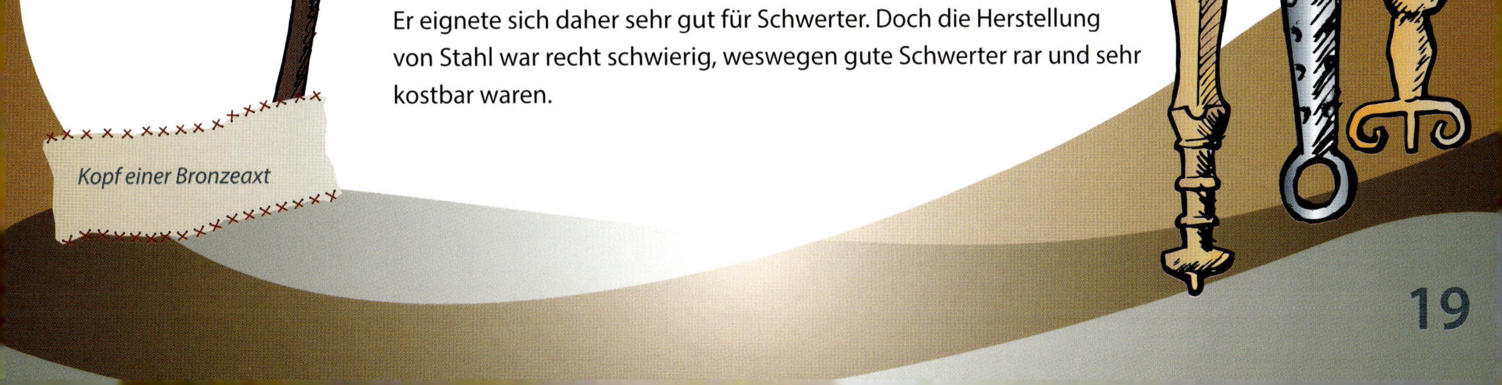

Kopf einer Bronzeaxt

Das antike Griechenland
etwa 2000 bis 200 v. Chr.

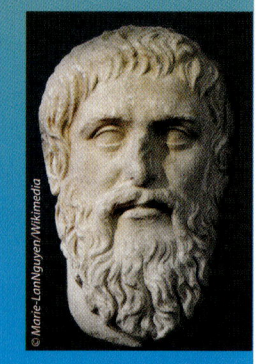

Vor etwa 4000 Jahren begannen die Menschen in Griechenland, Städte zu bauen. Zunächst herrschten dort Könige. Etwa 500 v. Chr. wurde dann in Athen die „Demokratie", was so viel wie „Herrschaft des Volkes" heißt, eingeführt. (Entscheidungen wurden nicht von einem König, sondern durch Abstimmung vom Volk getroffen.) Die Demokratie ist eine wichtige europäische Errungenschaft, die überall auf der Welt Verbreitung gefunden hat.

Diese griechische Vase im rotfigurigen Stil stammt etwa aus dem Jahr 530 v. Chr.

Platon, einer der bedeutendsten Denker aller Zeiten

Aus dem alten Griechenland ist uns unter anderem Folgendes geblieben:

> wunderbare Sagen über Götter und Helden, Kriege und Abenteuer;
> prächtige Tempel, Marmorstatuen und schöne Töpferarbeiten;
> die Olympischen Spiele;
> technisch fortschrittliche Theater und große Dichter, deren Stücke noch heute aufgeführt werden;
> Lehrer wie Sokrates und Platon, die den Menschen beibrachten, logisch zu denken;
> Mathematiker wie Euklid und Pythagoras, die mathematische Gesetze und Regeln entwickelten;
> Wissenschaftler wie Aristoteles (der Tiere und Pflanzen erforschte) und Eratosthenes (der bewies, dass die Erde eine Kugel ist, und berechnete, wie groß sie ist).

Das Römische Reich
etwa 500 v. Chr. bis 500 n. Chr. („n. Chr." bedeutet „nach Christus")

Rom war am Anfang nur ein Dorf in Italien. Doch die Römer verfügten über eine sehr gute Organisation, hatten eine starke Armee und eroberten so nach und nach alle Länder rund um das Mittelmeer. Schließlich erstreckte sich das Römische Reich von Nordengland bis zur Sahara und vom Atlantik nach Asien.

Folgendes ist uns von den Römern geblieben:

> gute, gerade Straßen, die alle Teile des Reiches verbanden;
> schöne Häuser mit Innenhöfen, Zentralheizung und Mosaikböden;
> Steinbrücken und Aquädukte (um Wasser über große Entfernungen zu transportieren);
> Rundbögen, die die Bauten stabil und langlebig machten;
> neue Baumaterialien wie Zement und Beton;
> große Dichter wie Cicero und Virgil;
> das römische Rechtssystem, das in vielen europäischen Ländern auch heute noch angewandt wird.

Heute noch erhaltenes römisches Aquädukt: der Pont du Gard in Frankreich

Mosaike werden aus winzigen Teilen von Stein, Email, Glas oder Keramik zusammengesetzt.

Das Mittelalter
etwa 500 bis 1500 n. Chr.

Als das Römische Reich unterging, wurden die verschiedenen Teile Europas von mehreren Völkern eingenommen. Dazu zählten …

Die Kelten

Vor der Zeit der Römer lebten in vielen Teilen Europas keltische Völker. Ihre Nachfahren leben heute hauptsächlich in der Bretagne (Frankreich) und in Cornwall (England), Galicien (Spanien), Irland, Schottland und Wales. In diesen Teilen Europas ist die keltische Sprache und Kultur noch sehr lebendig.

Die germanischen Völker

Nicht alle diese Völker siedelten im heutigen Deutschland.

> Die **Angeln** und die **Sachsen** zogen nach England und herrschten dort bis 1066.

> Die **Franken** eroberten große Teile Europas, so auch Frankreich, zwischen 500 und 800 n. Chr. Ihr berühmtester König war Karl der Große.

> Die **Goten** (Westgoten und Ostgoten) errichteten Königreiche in Spanien und Italien.

> Die **Wikinger** lebten in Skandinavien. Im 9. und 10. Jahrhundert n. Chr. fuhren sie mit ihren Schiffen in andere Länder, stahlen Schätze, handelten und ließen sich dort nieder, wo es gutes Ackerland gab.

Die Wikinger waren so gute Seefahrer, dass sie sogar Amerika erreichten (was sich aber nicht herumsprach).

Die Normannen

oder „Nordmänner" waren Wikinger, die sich in Frankreich niederließen (in dem Gebiet, das wir Normandie nennen) und 1066 England eroberten. Es gibt einen berühmten normannischen Wandteppich, der Szenen der Eroberung zeigt. Er wird im Museum der französischen Stadt Bayeux aufbewahrt.

Die Slawen ließen sich in vielen Teilen Osteuropas nieder. Sie sind die Vorfahren der heutigen slawischsprachigen Völker, zu denen Bulgaren, Kroaten, Polen, Russen, Serben, Slowaken, Slowenen, Tschechen, Ukrainer und Weißrussen zählen.

Nachdem sich **die Magyaren** im 9. bis 10. Jahrhundert n. Chr. in der Pannonischen Tiefebene niedergelassen hatten, gründeten sie im Jahr 1000 das Königreich Ungarn. Ihre Nachfahren leben heute in Ungarn und anderen benachbarten Ländern.

Im Mittelalter kam es oft zu Streitigkeiten zwischen Königen und Adligen in Europa, und es gab viele Kriege. (Dies war die Zeit, in der Ritter in Rüstungen auf Pferden kämpften.) Um sich vor Angriffen zu schützen, lebten Könige und Adlige oft in Burgen mit dicken Steinmauern. Einige Burgen wurden so massiv gebaut, dass sie noch heute stehen.

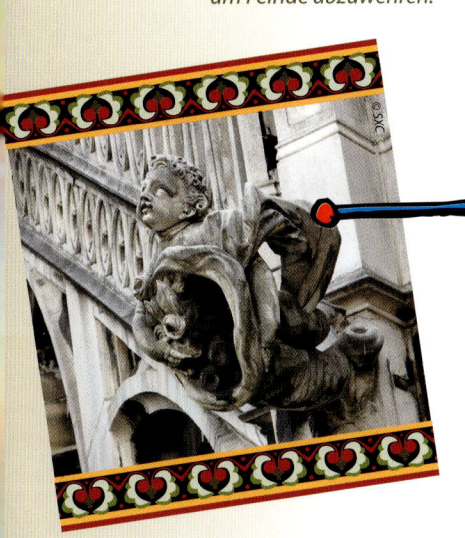

Mittelalterliche Burgen wurden errichtet, um Feinde abzuwehren.

Ein Beispiel für die gotische Architektur des Mittelalters: Wasserspeier an der Mailänder Kathedrale

Im Mittelalter wurde das Christentum zur wichtigsten Religion in Europa; fast überall erbaute man Kirchen. Einige sind äußerst beeindruckend – vor allem die großen Kathedralen mit ihren hohen Türmen und Buntglasfenstern.

Mönche betrieben Ackerbau und trugen zur Entwicklung der Landwirtschaft in ganz Europa bei. Außerdem gründeten sie Schulen und stellten wunderschön illustrierte Bücher her. Ihre Klöster hatten häufig Bibliotheken, in denen wichtige Bücher aus alten Zeiten aufbewahrt wurden.

Im südlichen Spanien, wo der Islam die Hauptreligion war, errichteten die Herrscher prächtige Moscheen und Minarette. Die berühmtesten noch heute erhaltenen Bauwerke aus der damaligen Zeit sind die Mezquita von Córdoba (eine Moschee) und die Giralda in Sevilla (ein Minarett).

Blick auf die große mittelalterliche Moschee in Córdoba (Spanien)

Die Renaissance
etwa 1300 bis 1600 n. Chr.

Im Mittelalter konnten die meisten Menschen nicht lesen oder schreiben und wussten nur das, was sie in der Kirche erfuhren. Nur Klöster und Universitäten hatten Abschriften der Werke, die im antiken Griechenland und Rom geschrieben worden waren. Doch im 14. und 15. Jahrhundert entdeckten die Gelehrten die alten Schriften nach und nach wieder. Sie waren begeistert von den großartigen Ideen und dem Wissen, das sie darin fanden, und die Nachricht darüber verbreitete sich.

Wohlhabende und gebildete Bürger, so zum Beispiel in Florenz in Italien, begannen sich dafür zu interessieren. Sie konnten es sich leisten, Bücher zu kaufen – vor allem, nachdem der Buchdruck 1445 in Europa erfunden worden war –, und sie begeisterten sich für das antike Griechenland und Rom. Sie ließen sich ihre Häuser nach dem Vorbild römischer Paläste bauen und von begabten Künstlern und Bildhauern mit Szenen aus griechischen und römischen Sagen, Statuen von Göttern, Helden und Kaisern schmücken.

Eine der berühmtesten Statuen weltweit: der David von Michelangelo

Leonardo da Vinci entwarf seinen „Hubschrauber" vor 500 Jahren!

Eines der großen Renaissancegemälde: die Venus von Botticelli

Eine verlorene Welt voller Schönheit und Weisheit schien wiedergeboren zu sein. Daher wird diese Epoche „Renaissance" genannt, was „Wiedergeburt" bedeutet.

Aus ihr gingen hervor:

> berühmte Maler und Bildhauer wie Michelangelo und Botticelli;
> große Architekten wie Brunelleschi;
> der faszinierende Erfinder und Künstler Leonardo da Vinci;
> große Denker wie Thomas Morus, Erasmus von Rotterdam und Montaigne;
> Wissenschaftler wie Kopernikus und Galileo Galilei (die entdeckten, dass die Erde und andere Planeten sich um die Sonne drehen);
> wunderschöne Bauten wie die Schlösser an der Loire;
> ein neues Interesse an dem, was der Mensch erreichen kann.

Die Industrielle Revolution
etwa 1750 bis 1880 n. Chr.

Eine weitere Revolution fand in Europa vor etwa 250 Jahren statt. Sie begann mit einer Energiekrise. Während mehreren tausend Jahren hatten die Menschen Holz und Holzkohle als Brennstoff genutzt. Doch um 1750 gab es in einigen Teilen Europas keine Wälder mehr. Was bot sich sonst noch als Brennstoff an?

Die Antwort war Steinkohle. Davon gab es sehr viel in Europa. Bergarbeiter begannen mit ihrer Förderung. Steinkohle wurde zur Dampferzeugung für die neu erfundenen Dampfmaschinen verwendet. Sie konnte auch erhitzt und in „Koks" verwandelt werden. Koks ist ein wesentlich sauberer Brennstoff und daher ideal geeignet für die Herstellung von Eisen und Stahl.

Vor etwa 150 Jahren erfand ein Engländer namens Henry Bessemer den „Hochofen", mit dem große Mengen Stahl ziemlich billig erzeugt werden konnten. Bald wurde in Europa Stahl in großem Umfang hergestellt, was die Welt veränderte: Mit billigem Stahl konnte man Wolkenkratzer, große Brücken, Ozeandampfer, Autos, Kühlschränke usw. bauen – allerdings auch Kanonen und Bomben.

Henry Bessemer, der Erfinder der modernen Stahlherstellung

Große Entdeckungen und neue Ideen
etwa 1500 bis 1900 n. Chr.

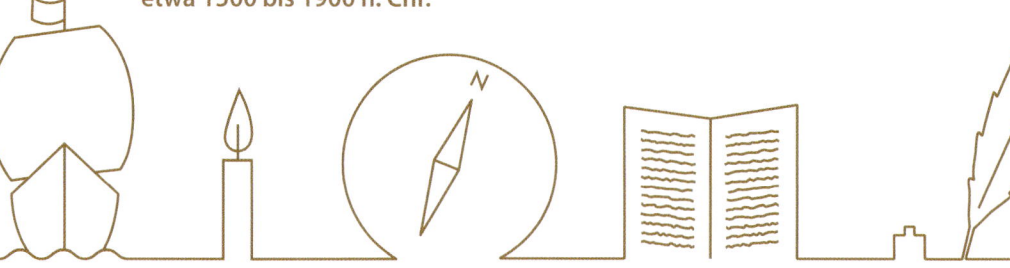

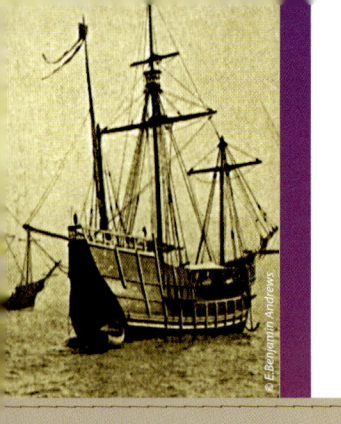

Nachbildungen von zwei Schiffen von Christoph Kolumbus

Vasco da Gama – der erste Mann, der von Europa nach Indien segelte

Der Dodo, ein flugunfähiger Vogel, lebte einst auf einer Insel im Indischen Ozean. Er wurde von europäischen Siedlern ausgerottet.

Voltaire, einer der großen Schriftsteller der Aufklärung

Während der Renaissance war der Handel mit fernen Ländern sehr wichtig für die europäischen Kaufleute geworden. Sie verkauften beispielsweise Waren nach Indien und brachten wertvolle Gewürze und Edelsteine von dort mit zurück. Doch die Reise über Land war sehr schwierig und dauerte lange, weshalb die Händler Indien auf dem Seeweg erreichen wollten. Dabei gab es ein Problem: Der Riesenkontinent Afrika war im Weg!

Doch wenn die Erde wirklich rund war (wie die Menschen allmählich glaubten), müssten die Schiffe aus Europa Indien erreichen können, indem sie westwärts segelten. 1492 fuhren Christoph Kolumbus und seine Seeleute von Spanien aus los und überquerten den Atlantik. Doch statt Indien zu erreichen, entdeckten sie die Bahamas (Inseln in der Karibik, nahe der amerikanischen Küste).

Auch andere Entdecker machten sich auf den Weg. 1497-1998 erreichte Vasco da Gama, ein portugiesischer Marineoffizier, als erster Europäer Indien auf dem Seeweg, indem er Afrika umsegelte. Ferdinand Magellan, ein anderer portugiesischer Eroberer, leitete 1519 im Auftrag der spanischen Krone die erste europäische Weltumseglung!

Es dauerte nicht lange, bis die Europäer die karibischen Inseln und Amerika (für sie die „Neue Welt") erkundet hatten und sich dort ansiedelten. Mit anderen Worten: Sie nahmen das Land ein und beanspruchten es als Teil ihres Heimatlandes in Europa. Auch ihren Glauben, ihre Sitten und Sprachen nahmen sie mit, wodurch Englisch und Französisch in Nordamerika sowie Spanisch und Portugiesisch in Mittel- und Südamerika zu den Hauptsprachen wurden.

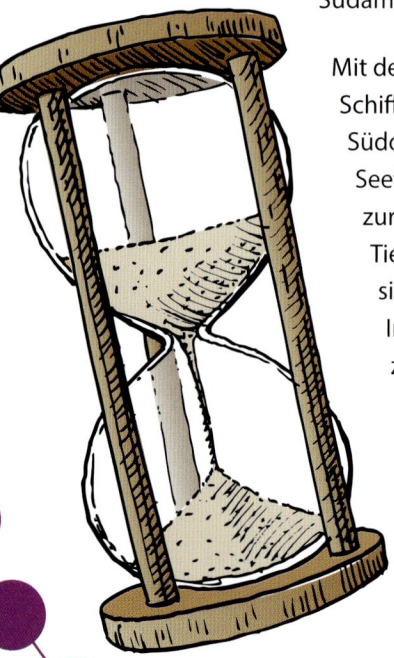

Mit der Zeit fuhren die Europäer mit ihren Schiffen immer weiter: nach China, Japan, Südostasien, Australien und Ozeanien. Seefahrer, die aus diesen fernen Ländern zurückkamen, berichteten von merkwürdigen Tieren, die ganz anders waren als die Tiere, die sie von Europa her kannten. Das weckte das Interesse von Wissenschaftlern, diese Orte zu erforschen und Tiere und Pflanzen für die Museen in Europa mit zurückzubringen. Im 19. Jahrhundert reisten europäische Forscher bis tief in den afrikanischen Kontinent hinein; im Jahr 1910 hatten die Staaten Europas große Teile Afrikas kolonialisiert.

Zur gleichen Zeit erforschten Wissenschaftler in Europa mehr und mehr über die Erde. Geologen untersuchten Gesteine und Fossilien und stellten Überlegungen darüber an, wie die Erde entstanden und wie alt sie wirklich war. Zwei große Wissenschaftler, Jean-Baptiste Lamarck (in Frankreich) und Charles Darwin (in England), gelangten schließlich zu der Erkenntnis, dass Pflanzen und Tiere einer „Evolution" unterlagen, was bedeutet, dass sie sich im Lauf von vielen Millionen Jahren von einer Art zu einer anderen entwickelt hatten.

Im 18. Jahrhundert kamen auch andere Fragen auf, so zum Beispiel, wie Länder regiert werden und welche Rechte und Freiheiten dem Menschen zustehen sollten. Der Schriftsteller Jean-Jacques Rousseau vertrat die Ansicht, dass alle Menschen „gleich" sein sollten. Sein Schriftstellerkollege Voltaire war der Auffassung, dass die Welt eine bessere wäre, wenn Vernunft und Wissen anstelle von Unwissenheit und Aberglauben herrschten.

Dieses Zeitalter neuer Gedanken, das „Aufklärung" genannt wird, führte in einigen Ländern zu großen Umwälzungen, so etwa zur Französischen Revolution 1789, als die Menschen beschlossen, sich nicht länger von Königen und Königinnen regieren zu lassen. Einer ihrer revolutionären Slogans war „Freiheit, Gleichheit, Brüderlichkeit" – was später zum Leitsatz der französischen Nation wurde.

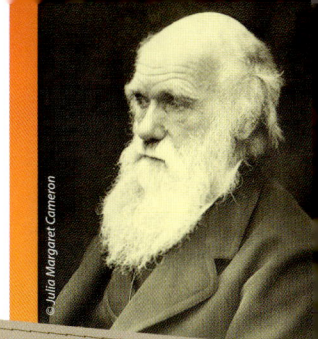

Charles Darwin veröffentlichte seine Evolutionstheorie 1859.

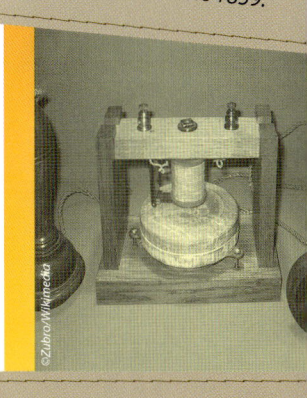

Das erste Telefon, erfunden von dem gebürtigen Schotten Alexander Graham Bell. Heute werden die modernsten Mobiltelefone in Europa hergestellt.

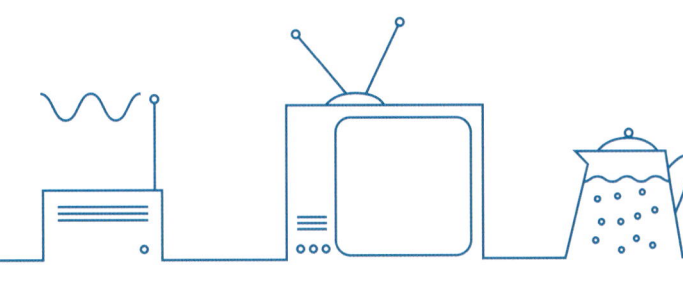

Die moderne Welt
etwa 1880 bis heute

Andere Erfindungen, die im 19. und 20. Jahrhundert in Europa gemacht wurden, haben dazu beigetragen, dass die Welt zu der wurde, in der wir heute leben. Zum Beispiel:

1886	*Benzinmotor*	*1935*	*Radar und Kugelschreiber*
1901	*Erste Funksignale*	*1937*	*Instantkaffee*
1909	*Bakelit, der erste Kunststoff*	*1939*	*Erstes Düsenflugzeug*
1912	*Neonlicht*	*1940er-Jahre*	*Erster Computer*
1920er-Jahre	*Fernseher und Autobahnen*	*1980er-Jahre*	*World Wide Web*

Jeder vierte Arbeitnehmer in Europa ist in der Herstellung der Dinge tätig, die in der modernen Welt benötigt werden: Essen und Trinken; Handys und Computer; Kleidung und Möbel; Waschmaschinen und Fernseher; Autos, Busse, LKW und vieles mehr.

Etwa sieben von zehn Europäern haben heute eine Arbeit im Bereich „Dienstleistungen". Das heißt, sie arbeiten in Geschäften und auf der Post, bei Banken und Versicherungen, in Hotels und Restaurants, Krankenhäusern, Schulen usw., wo sie entweder die dort üblichen Produkte verkaufen oder die Dienstleistungen zur Verfügung stellen, die die Menschen brauchen.

27

Aus der Geschichte lernen

Leider zählen zur Geschichte Europas nicht nur Errungenschaften, auf die wir stolz sein können. Es gibt auch vieles, wofür wir uns schämen müssen. Jahrhundertelang führten die Europäer schreckliche Kriege gegeneinander. Dabei ging es meistens um Macht und Besitz oder um Religion.

Die europäischen Siedler trugen zum Tod von Millionen von Menschen auf anderen Kontinenten bei, indem sie die einheimische Bevölkerung bekämpften, misshandelten oder unwissentlich europäische Krankheiten unter ihnen verbreiteten. Darüber hinaus zwangen die Europäer Millionen von Afrikanern zur Sklavenarbeit.

Aus diesen schrecklichen Untaten mussten Lehren gezogen werden. Der europäische Sklavenhandel wurde im 19. Jahrhundert verboten. Die Kolonien erlangten im 20. Jahrhundert die Unabhängigkeit. Und letztendlich wurde Frieden in Europa geschaffen.

Wie dies geschah, kannst du im Kapitel „Die Familie ist wieder vereint" nachlesen.

Krieg …

Bedauerlicherweise gab es in der europäischen Familie auch viel Streit. Oft ging es dabei darum, wer ein Land regieren sollte oder welchem Staat welches Stück Land gehörte. Manchmal wollte ein Herrscher mehr Macht erlangen, indem er Nachbarländer eroberte, oder er wollte beweisen, dass sein Volk stärker und besser war als andere Völker.

Aus den verschiedensten Gründen gab es also jahrhundertelang schreckliche Kriege in Europa. Im 20. Jahrhundert gingen von unserem Kontinent zwei große Kriege aus, die sich ausbreiteten und Länder in der ganzen Welt mit hineinzogen. Deshalb werden sie Weltkriege genannt. Millionen Menschen wurden in diesen Kriegen getötet, Europa lag danach in Ruinen, und es herrschte Armut.

Könnte verhindert werden, dass sich so etwas noch einmal ereignet? Würden die Europäer lernen, Probleme durch Verhandlungen zu lösen, statt sich zu bekämpfen?

Die Antwort lautet „Ja".

Darum geht es in unserem nächsten großen Kapitel: „Die Geschichte der Europäischen Union".

... und Frieden

Wir Europäer gehören vielen verschiedenen Ländern mit verschiedenen Sprachen, Traditionen, Bräuchen und Religionen an. Und doch gehören wir, wie eine große Familie, aus den unterschiedlichsten Gründen zusammen.

Hier sind einige Beispiele:

> Wir teilen diesen Kontinent seit Tausenden von Jahren.

> Viele unserer Sprachen sind miteinander verwandt.

> In jedem Land leben viele Menschen, deren Vorfahren aus anderen Ländern stammen.

> Unsere Traditionen, Bräuche und Feste haben oft denselben Ursprung.

> Wir teilen und begeistern uns für die wunderbare Musik und Kunst, die Schauspiele und Geschichten, die von Menschen in ganz Europa im Lauf der Jahrhunderte geschaffen wurden.

> Fast jeder in Europa glaubt an Dinge wie Fairness, Nachbarschaft, Meinungsfreiheit, Achtung des Anderen und Hilfe für Menschen in Not.

> Wir schätzen das Eigene und Besondere eines jeden Landes, aber auch das allen Europäern Gemeinsame.

Die Geschichte der Europäischen Union

Der Zweite Weltkrieg endete 1945. Er war eine Zeit furchtbaren Tötens und Zerstörens gewesen und hatte in Europa begonnen. Wie konnten die Staatsmänner der europäischen Länder verhindern, dass sich solche schrecklichen Ereignisse jemals wiederholten? Sie brauchten dafür einen wirklich guten Plan, etwas, was bisher noch nicht versucht worden war.

Robert Schuman

Jean Monnet

Eine völlig neue Idee

Der Franzose Jean Monnet beschäftigte sich ausführlich mit dieser Frage. Er stellte fest, dass ein Land zweierlei benötigt, bevor es Krieg führen kann: Eisen für die Produktion von Stahl (um Panzer, Kanonen, Bomben usw. zu bauen) und Kohle, um Energie für Fabriken und die Eisenbahn zur Verfügung zu haben. In Europa gab es so viel Kohle und Stahl, dass die europäischen Staaten leicht Waffen herstellen und Kriege führen konnten.

Aus dieser Überlegung heraus entwickelte Jean Monet eine ganz neue Idee: Die Regierungen von Frankreich und Deutschland – und anderen europäischen Staaten möglicherweise auch – sollten ihre Kohle- und Stahlindustrie nicht mehr alleine betreiben. Stattdessen sollte diese von Menschen aus allen beteiligten Staaten zusammen geleitet werden, die alle Angelegenheiten an einem Tisch gemeinsam besprechen und entscheiden. Ein Krieg wäre dann unmöglich!

Jean Monnet ahnte, dass dieser Plan nur funktionieren würde, wenn alle europäischen Staatsmänner bereit wären, ihn anzuwenden. Er stellte ihn seinem Freund Robert Schuman, der Minister der französischen Regierung war, vor. Robert Schuman hielt den Plan für eine brillante Idee, die er in seiner berühmten Rede am 9. Mai 1950 vorstellte.

Die Rede überzeugte nicht nur die führenden Politiker Frankreichs und Deutschlands, sondern auch Belgiens, Italiens, Luxemburgs und der Niederlande. Sie alle beschlossen, ihre Kohle- und Stahlindustrie zusammenzulegen und eine Vereinigung zu bilden, die sich die „Europäische Gemeinschaft für Kohle und Stahl" (EGKS) nannte. Diese sollte friedlichen Zielen dienen und dazu beitragen, das zerstörte Europa wieder aufzubauen. Die EGKS wurde 1951 gegründet.

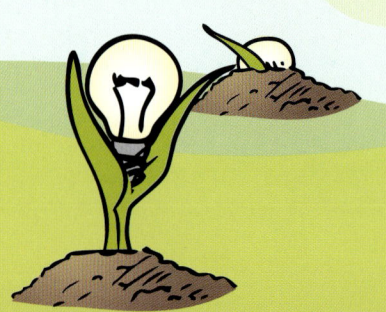

An der Grenze war Geduld gefragt ... Warteschlangen wie diese gehörten in Europa früher zum Alltag.

Der Gemeinsame Markt

Die Zusammenarbeit der sechs Länder war so gut, dass sie bald die Gründung einer weiteren Vereinigung beschlossen: die „Europäische Wirtschaftsgemeinschaft" (EWG). Sie wurde 1957 ins Leben gerufen.

Mit „Wirtschaft" waren Geld, Unternehmen, Arbeitsplätze und Handel gemeint.

Eine der Hauptideen bestand darin, dass die EWG-Länder einen „Gemeinsamen Markt" bilden sollten, um den Handel untereinander zu vereinfachen. Bis zu diesem Zeitpunkt mussten LKW, Züge und Schiffe, die Güter von einem Land in ein anderes brachten, immer an der Grenze haltmachen; Papiere wurden kontrolliert, und Geld, der sogenannte „Zoll", musste gezahlt werden. Das führte zu Verzögerungen und verteuerte Waren aus dem Ausland.

Durch den Gemeinsamen Markt wollte man diese Grenzkontrollen, Verzögerungen und Zölle abschaffen, damit die Länder miteinander so handeln konnten, als befänden sie sich innerhalb desselben Landes.

Nahrungsmittel und Landwirtschaft

Durch den Zweiten Weltkrieg war es in Europa schwierig geworden, Nahrungsmittel zu erzeugen oder sie aus anderen Kontinenten einzuführen. Noch zu Beginn der 1950er-Jahre herrschte in Europa Lebensmittelknappheit. Deswegen vereinbarten die Mitgliedstaaten der EWG, die Landwirte zu bezahlen, damit sie mehr Nahrungsmittel erzeugten, und so sicherzustellen, dass sie von ihrem Land angemessen leben konnten.

Diese Vereinbarung wurde die „Gemeinsame Agrarpolitik" (GAP) genannt. Das Vorhaben klappte gut. So gut, dass die Landwirte letztendlich zu viele Nahrungsmittel produzierten und die Vereinbarung geändert werden musste. Heute erhalten die Landwirte GAP-Gelder auch für die Landschaftspflege.

Maschinen wie diese werden zur Ernte von Weizen und anderem Getreide benutzt.

Von der EWG zur Europäischen Union

Der Gemeinsame Markt machte das Leben für die Menschen in der EWG bald leichter.

Sie hatten mehr Geld zur Verfügung, mehr zu essen, und das Angebot in den Läden war größer. Andere Nachbarländer sahen dies, und in den 1960er-Jahren fragten verschiedene Länder, ob auch sie der Gemeinschaft beitreten könnten.

Nach mehreren Jahren Verhandlung traten Dänemark, Irland und das Vereinigte Königreich 1973 bei; 1981 folgte Griechenland. Portugal und Spanien traten 1986 bei, Finnland, Österreich und Schweden 1995.

Ein Teil der Familie: Griechenland unterzeichnet den Beitrittsvertrag.

Nun hatte die Gemeinschaft 15 Mitgliedstaaten.

Im Lauf der Jahre veränderte sich die Gemeinschaft. Ende 1992 war der Binnenmarkt, wie er genannt wurde, fertiggestellt, doch die Gemeinschaft tat noch viel mehr. So setzten sich die EWG-Länder gemeinsam für den Umweltschutz ein und bauten bessere Straßen und Schienennetze in Europa, und reichere Länder halfen ärmeren beim Straßenbau und anderen wichtigen Vorhaben.

Um das Reisen zu erleichtern, schafften die meisten EWG-Staaten die Passkontrollen an den gemeinsamen Grenzen ab. Jemand, der in einem Mitgliedstaat lebte, hatte das Recht, in jedem anderen Mitgliedstaat zu leben und zu arbeiten. Die Regierungen besprachen auch andere neue Ideen, so etwa, wie Polizisten aus verschiedenen Ländern einander bei der Festnahme von Kriminellen, Drogenhändlern und Terroristen helfen konnten.

Mit anderen Worten: Die Gemeinschaft hatte sich so stark verändert und war um so vieles fester als zu Beginn, dass sie 1992 beschloss, sich in „Europäische Union" (EU) umzubenennen.

Zum Umweltschutz gehört die Verringerung der Luftverschmutzung, was z. B. durch die Nutzung von Windkraft zur Energieerzeugung erreicht werden kann.

Ein Polizist und sein Spürhund durchsuchen Gepäck nach Drogen.

Die Familie ist wieder vereint

In der Zwischenzeit fanden jenseits der Grenzen der EU große Ereignisse statt. Über viele Jahre hinweg waren der Ost- und der Westteil Europas voneinander getrennt. Die Machthaber in den östlichen Ländern glaubten an ein Regierungssystem, das „Kommunismus" genannt wurde und der Bevölkerung ein hartes Leben bescherte. Die Menschen waren unterdrückt und viele, die sich offen gegen das Regime stellten, wurden in Straflager geschickt.

Als immer mehr Menschen aus dem Osten in den Westen flohen, wurden die Machthaber im Osten nervös. Sie ließen hohe Zäune und Mauern errichten, etwa die Mauer quer durch Berlin, um die Menschen an der Flucht aus dem Land zu hindern. Viele, die versuchten, die Grenze unerlaubt zu überqueren, wurden erschossen oder durch Schüsse verletzt. Die Grenzen waren so unüberwindbar, dass sie oft als „Eiserner Vorhang" bezeichnet wurden.

1989 hatte die Trennung schließlich ein Ende. Die Berliner Mauer wurde abgerissen, und der „Eiserner Vorhang" war Geschichte. Bald danach fand in Deutschland die Wiedervereinigung statt. Die Menschen in den Ländern Mittel- und Osteuropas wählten neue Regierungen, die das kommunistische System abschafften.

Die Menschen waren endlich frei! Es war eine Zeit der Freude.

1989: Die Berliner Mauer wird abgerissen.

Die Länder, die ihre Freiheit erlangt hatten, beantragten ihren Beitritt zur Europäischen Union. Bald gab es eine ganze Reihe von „Kandidatenländern", die Mitgliedstaaten der EU werden wollten.

Bevor ein Land der Europäischen Union beitreten kann, muss seine Wirtschaft gut funktionieren. Außerdem muss es eine Demokratie sein, d. h., dass die Einwohner frei wählen können, wer das Land regieren soll. Zudem muss das Land die Menschenrechte respektieren. Zu den Menschenrechten zählen das Recht, zu sagen, was man denkt, das Recht, nicht ohne ein faires Gerichtsverfahren ins Gefängnis zu müssen, das Recht, nicht gefoltert zu werden, sowie viele andere wichtige Rechte.

Die ehemals kommunistischen Länder arbeiteten hart an allen diesen Punkten, und nach einigen Jahren erfüllten acht von ihnen die Voraussetzungen für einen Beitritt: Estland, Lettland, Litauen, Polen, die Slowakei, Slowenien, Ungarn und die Tschechische Republik.

Sie traten der EU am 1. Mai 2004 bei – gemeinsam mit zwei Mittelmeerinseln: Malta und Zypern. Am 1. Januar 2007 traten zwei weitere ehemals kommunistische Länder, nämlich Bulgarien und Rumänien, der Union bei. Kroatien ist seit dem 1. Juli 2013 Teil der EU, die damit auf 28 Mitglieder angewachsen ist.

Niemals zuvor waren so viele Länder der EU in so kurzer Zeit beigetreten. Man kann wirklich sagen, dass „die Familie zusammenfand" und Ost-, Mittel- und Westeuropa wieder vereint waren.

Die Flaggen der 28 EU-Mitgliedstaaten

Das macht die EU

Die EU versucht, das Leben in vielerlei Hinsicht zu verbessern. Hier sind einige Beispiele.

Klimawandel und Umwelt

Die Umwelt gehört uns allen; deswegen müssen die Länder zusammenarbeiten, um sie zu schützen. Die EU hat Regeln aufgestellt, um die Umweltverschmutzung zu stoppen und zum Beispiel Wildvögel zu schützen. Die Regeln gelten in allen EU-Staaten, und die Regierungen müssen dafür sorgen, dass sie eingehalten werden.

Der Klimawandel (der Begriff steht für die allmähliche Erwärmung der Erdatmosphäre) ist ein weiteres Problem, das nur gemeinsam gelöst werden kann. Die Länder der EU haben daher vereinbart, ihren Ausstoß von Stoffen zu verringern, die die Atmosphäre schädigen und die globale Erwärmung verursachen. Die EU versucht auch andere Länder dazu zu bringen, sich anzuschließen.

Die europäischen Länder arbeiten beim Umweltschutz zusammen, denn die Umweltverschmutzung macht vor den Grenzen nicht halt.

Der Euro

Früher hatte jedes Land in Europa sein eigenes Geld, das heißt seine eigene „Währung". Jetzt gibt es eine einheitliche Währung, den Euro, den alle Länder einführen können, wenn sie dafür bereit sind. Eine gemeinsame Währung macht es leichter, Geschäfte zu tätigen, zu reisen und überall in der EU einzukaufen, ohne Geld in eine andere Währung umtauschen zu müssen. In Krisenzeiten sorgt sie auch für mehr Stabilität in der Wirtschaft. Derzeit verwenden 19 Länder den Euro als Währung.

Wenn du die Euro-Münzen vergleichst, wirst du sehen, dass auf der einen Seite ein Symbol abgebildet ist, das für das Land steht, in dem die Münze geprägt wurde. Die andere Seite ist bei allen Münzen gleich gestaltet.

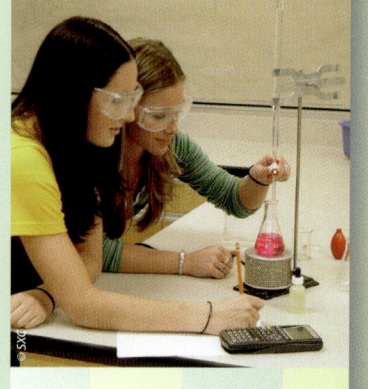

Der Euro wird in zahlreichen Ländern der EU verwendet.

Freiheit!

EU-Bürger haben das Recht, in jedem anderen EU-Staat zu leben, zu arbeiten und zu studieren. Die EU tut alles, um es so einfach wie möglich zu machen, von einem Land in ein anderes umzuziehen. Wenn du die Grenze zwischen zwei Ländern der EU überquerst, musst du keinen Reisepass mehr vorzeigen. Die EU unterstützt Studenten und junge Menschen dabei, einen Teil ihrer Studien- oder Ausbildungszeit in einem anderen Land der EU zu verbringen.

Dank der Unterstützung durch die EU können Studenten aus verschiedenen Ländern zusammen studieren.

Arbeitsplätze

Es ist für jeden Menschen wichtig, dass er eine Arbeit hat, die ihm gefällt und bei der er seine Fähigkeiten entfalten kann. Ein Teil des Geldes, das jeder verdient, wird verwendet, um Krankenhäuser und Schulen zu bezahlen und um für ältere Menschen Sorge zu tragen. Deshalb tut die EU alles, um neue und bessere Arbeitsplätze für diejenigen zu schaffen, die arbeiten können. Sie hilft Leuten, die neue Betriebe und Geschäfte gründen möchten, und stellt Geld zur Verfügung, damit Menschen eine neue Arbeit erlernen können.

Berufliche Bildung ist wichtig, damit die Menschen fit sind für neue Arbeitsplätze.

Hilfe für Regionen in Schwierigkeiten

Das Leben ist nicht überall in Europa für jeden einfach. An manchen Orten gibt es nicht genug Arbeitsplätze für die dort lebenden Menschen, weil Kohlegruben oder Fabriken geschlossen werden mussten. In einigen Regionen ist es wegen des Klimas mühsam, Landwirtschaft zu betreiben, in anderen ist es schwierig, Handel zu treiben, weil es nicht genug Straßen und Schienen gibt.

Die EU geht dieses Problem an, indem sie Geld von allen Mitgliedstaaten einzieht und es verwendet, um Regionen in Schwierigkeiten zu helfen. Sie beteiligt sich zum Beispiel an den Kosten für neue Straßen- und Autoverbindungen oder unterstützt Unternehmen, damit sie neue Arbeitsplätze für die Menschen schaffen können.

Die EU leistet finanzielle Hilfe für den Bau neuer Straßen.

Hilfe für arme Länder

In vielen Ländern der Welt sterben Menschen oder haben ein schweres Leben, weil Krieg herrscht, Krankheiten ausbrechen oder sich Naturkatastrophen wie Erdbeben, Dürre oder Hochwasser ereignen. Oft haben diese Länder nicht genug Geld, um die Schulen, Krankenhäuser, Straßen und Häuser zu bauen, die ihre Einwohner benötigen.

Die EU gibt diesen Ländern Geld und sendet Lehrer, Ärzte, Ingenieure und andere Fachleute dorthin, damit sie helfen, das Leben der Menschen zu verbessern. Sie kauft auch viele Güter, die diese Länder erzeugen, ohne dafür Zölle zu erheben. So nehmen die armen Länder mehr Geld ein.

Lebensmittelhilfe von der EU

35

Die europäische Flagge

Frieden

Die Europäische Union hat viele europäische Staaten in Freundschaft vereint. Natürlich sind diese nicht immer einer Meinung, aber anstatt sich zu bekämpfen, setzen sich die Politiker der EU-Mitgliedstaaten zusammen an einen runden Tisch, um Unstimmigkeiten zu diskutieren.

Der Traum von Jean Monnet und Robert Schumann ist also wahr geworden.

Die EU hat Frieden zwischen ihren Mitgliedern geschaffen. Sie setzt sich auch für dauerhaften Frieden zwischen ihren Nachbarn und in der ganzen Welt ein.

Dies sind nur einige der Dinge, die die EU macht; es gibt noch viele andere. Ein Teil der Europäischen Union zu sein, hat Einfluss auf jeden Bereich unseres täglichen Lebens. Was sollte die EU tun, was nicht? Das müssen die Menschen in der EU entscheiden. Wie können wir uns beteiligen? Das kannst du im nächsten Kapitel nachlesen.

Europa hat eine eigene Flagge und eine eigene Hymne: die *„Ode an die Freude"* aus Beethovens Neunter Symphonie. Der ursprüngliche Text ist in Deutsch abgefasst, aber als europäische Hymne hat sie keinen Text. Es wird nur die Melodie gespielt. Wenn du magst, kannst du sie dir im Internet anhören:

europa.eu/european-union/about-eu/symbols/anthem_de

Einige bekannte Wahrzeichen in Europa:

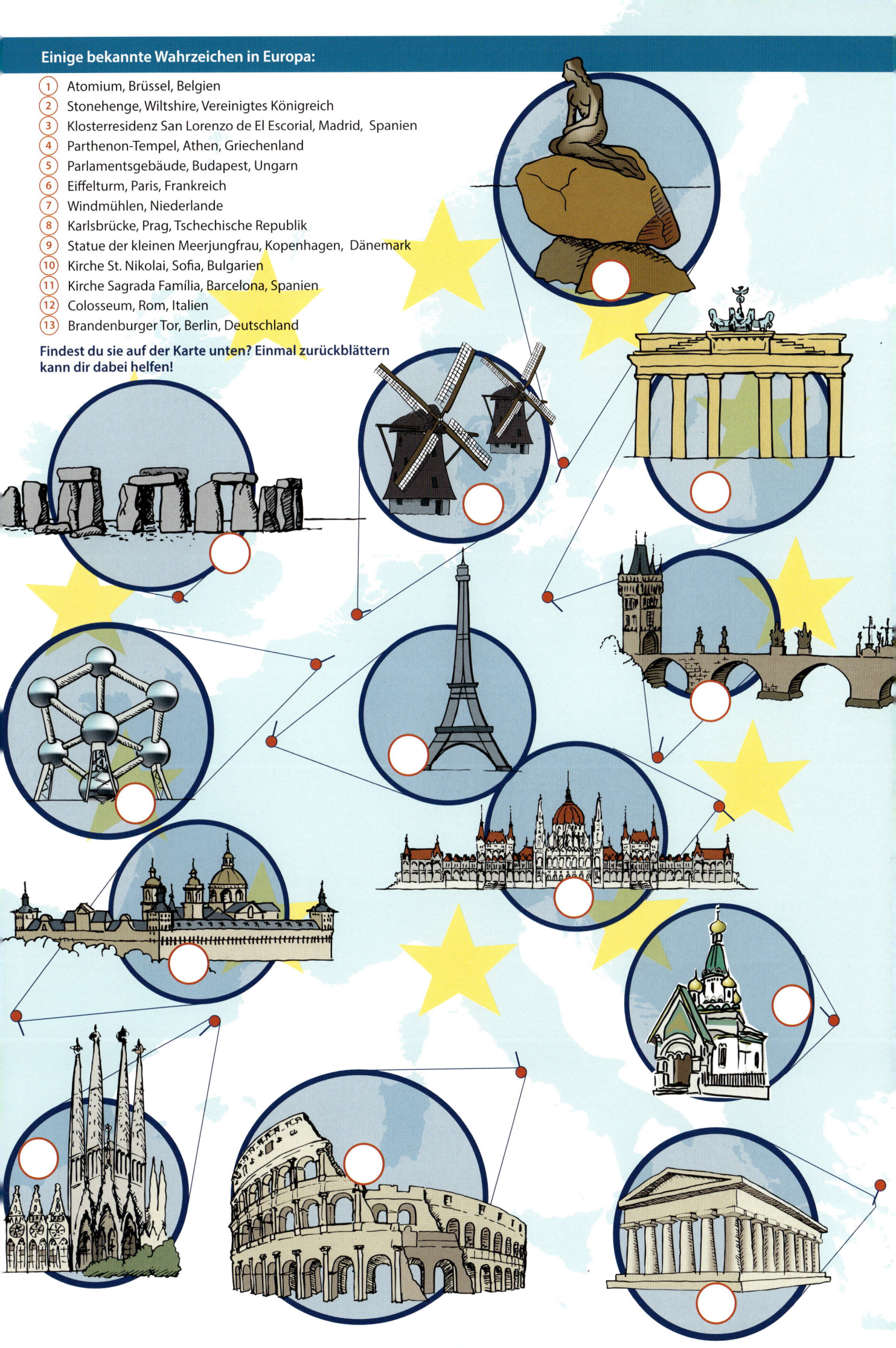

1. Atomium, Brüssel, Belgien
2. Stonehenge, Wiltshire, Vereinigtes Königreich
3. Klosterresidenz San Lorenzo de El Escorial, Madrid, Spanien
4. Parthenon-Tempel, Athen, Griechenland
5. Parlamentsgebäude, Budapest, Ungarn
6. Eiffelturm, Paris, Frankreich
7. Windmühlen, Niederlande
8. Karlsbrücke, Prag, Tschechische Republik
9. Statue der kleinen Meerjungfrau, Kopenhagen, Dänemark
10. Kirche St. Nikolai, Sofia, Bulgarien
11. Kirche Sagrada Família, Barcelona, Spanien
12. Colosseum, Rom, Italien
13. Brandenburger Tor, Berlin, Deutschland

Findest du sie auf der Karte unten? Einmal zurückblättern kann dir dabei helfen!

Azoren

Kanarische Inseln
Madeira

Guadeloupe

Martinique

Mayotte

Réunion

Suriname — Französisch-Guayana — Brasilien

Norwegen
Schweden
Finnland
Estland
Lettland
OSTSEE
Litauen
Russland
Weißrussland
Russland
Kasachstan
Dänemark
Deutschland
Polen
Ukraine
Tschechische Republik
Slowakei
Liechtenstein
Österreich
Slowenien
Ungarn
Moldau
Rumänien
Kroatien
San Marino
Bosnien und Herzegowina
Serbien
Montenegro
Kosovo (*)
Ehemalige jugoslawische Republik Mazedonien
Albanien
Bulgarien
SCHWARZES MEER
Georgien
Aserbaidschan
Armenien
Iran
Italien
Türkei
Griechenland
Irak
Syrien
Malta
Zypern
Libanon

Die EU und ihre Nachbarn

Findest du für jede Hauptstadt das passende Land?

1. Sofia
2. Brüssel
3. Prag
4. Kopenhagen
5. Berlin
6. Tallinn
7. Dublin
8. Athen
9. Madrid
10. Paris
11. Zagreb
12. Rom
13. Nikosia
14. Riga
15. Vilnius
16. Luxemburg
17. Budapest
18. Valletta
19. Amsterdam
20. Wien
21. Warschau
22. Lissabon
23. Bukarest
24. Ljubljana
25. Bratislava
26. Helsinki
27. Stockholm
28. London

Legende:

Die **farbigen Länder** sind Mitglieder der Europäischen Union (EU).

Die **gestreiften Länder** wollen der EU beitreten.

Die **anderen Länder**, auch die mit einem kleinen weißen Kreis dargestellten Länder, sind Nachbarn der EU.

Die **weißen Kreise mit rotem Rand** und die **roten Punkte** geben die Hauptstädte an.

Der Staat Vatikanstadt befindet sich in Rom.

Einige Inseln und Gebiete, die zu Frankreich, Portugal und Spanien gehören, sind Teil der EU. Da sie weit von Europa entfernt liegen, zeigen wir sie in dem Kasten oben rechts.

(*) Diese Bezeichnung berührt nicht die Standpunkte zum Status und steht im Einklang mit der Resolution 1244 des VN-Sicherheitsrates und dem Gutachten des Internationalen Gerichtshofs zur Unabhängigkeitserklärung des Kosovos.

Die Länder der Europäischen Union

Die Länder sind in alphabetischer Reihenfolge ihres Namens in der Landessprache (in Klammern) aufgelistet.

(*) Der vollständige Name dieses Landes ist „Vereinigtes Königreich Großbritannien und Nordirland", doch meist wird es nur kurz „Großbritannien" oder das „Vereinigte Königreich" genannt.

Einwohnerzahlen: Stand 2015.
Quelle: Eurostat.

Flagge	Land	Hauptstadt	Bevölkerung
	Belgien (Belgique / België)	Brüssel (Bruxelles / Brussel)	11,2 Millionen
	Bulgarien (България / Bulgaria)	Sofia (София / Sofiya)	7,2 Millionen
	Tschechische Republik (Česká republika)	Prag (Praha)	10,5 Millionen
	Dänemark (Danmark)	Kopenhagen (København)	5,6 Millionen
	Deutschland (Deutschland)	Berlin (Berlin)	81,1 Millionen
	Estland (Eesti)	Tallinn (Tallinn)	1,3 Millionen
	Irland (Éire / Ireland)	Dublin (Baile Atha Cliath / Dublin)	4,6 Millionen
	Griechenland (Ελλάδα / Elláda)	Athen (Αθήνα / Athina)	10,8 Millionen
	Spanien (España)	Madrid (Madrid)	46,4 Millionen
	Frankreich (France)	Paris (Paris)	66,3 Millionen
	Kroatien (Hrvatska)	Zagreb (Zagreb)	4,2 Millionen
	Italien (Italia)	Rome (Roma)	60,8 Millionen
	Zypern (Κύπρος / Kypros) (Kıbrıs)	Nikosia (Λευκωσία / Lefkosía) (Lefkoşa)	0,8 Millionen
	Lettland (Latvija)	Riga (Rīga)	1,9 Millionen
	Litauen (Lietuva)	Vilnius (Vilnius)	2,9 Millionen
	Luxemburg (Luxembourg)	Luxemburg (Luxembourg)	0,5 Millionen
	Ungarn (Magyarország)	Budapest (Budapest)	9,9 Millionen
	Malta (Malta)	Valletta (Valletta)	0,4 Millionen
	Niederlande (Nederland)	Amsterdam (Amsterdam)	16,9 Millionen
	Österreich (Österreich)	Wien (Wien)	8,6 Millionen
	Polen (Polska)	Warschau (Warszawa)	38,0 Millionen
	Portugal (Portugal)	Lissabon (Lisboa)	10,4 Millionen
	Rumänien (România)	Bukarest (București)	19,8 Millionen
	Slowenien (Slovenija)	Ljubljana (Ljubljana)	2,1 Millionen
	Slowakei (Slovensko)	Bratislava (Bratislava)	5,4 Millionen
	Finnland (Suomi / Finland)	Helsinki (Helsinki / Helsingfors)	5,4 Millionen
	Schweden (Sverige)	Stockholm (Stockholm)	9,7 Millionen
	Vereinigtes Königreich (*) (United Kingdom)	London (London)	64,7 Millionen

Entdecke Europa! Quiz
(Tipp: Du kannst die Antworten auf alle Fragen in dieser Broschüre finden.)

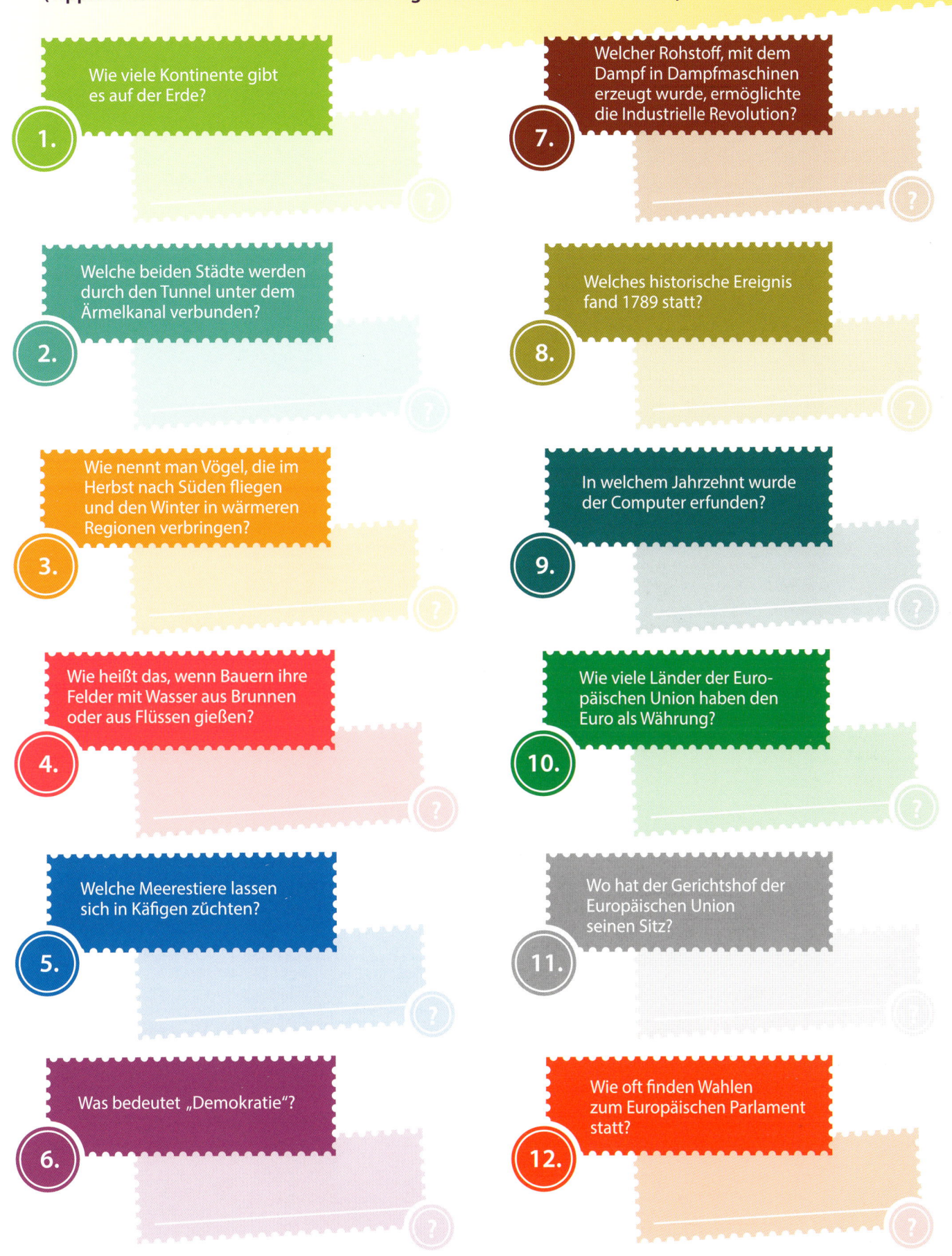

1. Wie viele Kontinente gibt es auf der Erde?

2. Welche beiden Städte werden durch den Tunnel unter dem Ärmelkanal verbunden?

3. Wie nennt man Vögel, die im Herbst nach Süden fliegen und den Winter in wärmeren Regionen verbringen?

4. Wie heißt das, wenn Bauern ihre Felder mit Wasser aus Brunnen oder aus Flüssen gießen?

5. Welche Meerestiere lassen sich in Käfigen züchten?

6. Was bedeutet „Demokratie"?

7. Welcher Rohstoff, mit dem Dampf in Dampfmaschinen erzeugt wurde, ermöglichte die Industrielle Revolution?

8. Welches historische Ereignis fand 1789 statt?

9. In welchem Jahrzehnt wurde der Computer erfunden?

10. Wie viele Länder der Europäischen Union haben den Euro als Währung?

11. Wo hat der Gerichtshof der Europäischen Union seinen Sitz?

12. Wie oft finden Wahlen zum Europäischen Parlament statt?

Möchtest du ein Spiel machen, dein Wissen testen und noch mehr über Europa erfahren?
Das kannst du hier: europa.eu/europago/explore

Antworten 1. Sieben (Europa, Afrika, Nordamerika, Südamerika, Asien und Australien/Ozeanien) (S. 3) / 2. Calais in Frankreich und Folkestone in England (S. 6) / 3. Zugvögel (S. 11) / 4. Bewässerung (S. 13) / 5. Lachs, Muschel, Auster (S. 17) / 6. Volksherrschaft (S. 20) / 7. Kohle (S. 25) / 8. Die Französische Revolution (S. 27) / 9. 1940er-Jahre (S. 27) / 10. 19 (S. 41) / 11. Luxemburg (S. 41) / 12. Alle fünf Jahre (S. 40)

39

Minister aller EU-Regierungen treffen zusammen, um EU-Gesetze anzunehmen.

So trifft die EU Entscheidungen

Wie du dir vorstellen kannst, müssen sehr viele Menschen sehr viel leisten, um die EU zu organisieren und dafür zu sorgen, dass alles funktioniert. Doch wer tut dabei was?

Die Europäische Kommission

In Brüssel trifft sich jeden Mittwoch eine Gruppe von Frauen und Männern (aus jedem EU-Staat ein Vertreter), um zu besprechen, was als Nächstes zu tun ist. Diese Personen werden von der Regierung ihres jeweiligen Landes vorgeschlagen und vom Europäischen Parlament bestätigt.

Sie bilden zusammen die Europäische Kommission und werden „Kommissionsmitglieder" (oder auch „Kommissare") genannt. Ihre Aufgabe ist es, darüber nachzudenken, was für die EU als Ganzes am besten ist, und Gesetze für die gesamte EU vorzuschlagen. Die Gesetze werden also von der Kommission vorgeschlagen und vom Parlament und vom Rat beschlossen.

Bei ihrer Arbeit wird die Kommission von Experten, Juristen, Assistenten, Übersetzern und anderen unterstützt. Sie sind sozusagen für das Tagesgeschäft in der Europäischen Union zuständig.

Das Europäische Parlament

Das Europäische Parlament vertritt alle Menschen in der EU. Jeden Monat hält es eine große Tagung in Straßburg (Frankreich) ab, um neue Gesetze für Europa zu diskutieren und zu beschließen.

751 Abgeordnete sitzen im Europäischen Parlament. Sie werden alle fünf Jahre durch eine Wahl, an der alle erwachsenen Bürger der EU teilnehmen können, bestimmt. Indem wir die Europaabgeordneten wählen und uns an sie wenden, können wir unsere Meinung zu den Entscheidungen der EU äußern.

Der Europäische Rat

In dieser Runde treffen sich die Staats- und Regierungschefs der EU-Länder zu „Gipfel-Gesprächen" über die Lage in Europa und über die grobe Marschrichtung. Was genau zum Beispiel in einem Gesetz stehen soll, wird dort aber nicht festgelegt.

Der Rat

Neue Gesetze für Europa müssen von den Ministern der Regierungen aller EU-Mitgliedstaaten besprochen werden, nicht nur von den Abgeordneten des Europäischen Parlaments. Wenn die Minister sich versammeln, bilden sie „den Rat".

Nachdem ein Gesetzesvorschlag diskutiert wurde, stimmt der Rat über ihn ab. Es ist geregelt, wie viele Stimmen jedes Land hat und wie viele notwendig sind, damit ein Gesetz angenommen wird. In einigen Fällen besagen die Regeln, dass alle Ratsmitglieder einem Gesetz zustimmen müssen.

Vom Rat und vom Parlament erlassene Gesetze müssen von den Ländern der EU befolgt werden.

Der Gerichtshof

Wenn ein Land ein Gesetz nicht richtig anwendet, wird es von der Europäischen Kommission ermahnt, die sich deswegen auch an den Gerichtshof der Europäischen Union in Luxemburg wenden kann. Die Aufgabe des Gerichtshofs ist es, darüber zu wachen, dass die EU-Gesetze eingehalten und überall auf dieselbe Weise angewandt werden. Dem Gerichtshof gehört ein Richter aus jedem Mitgliedstaat an.

Es gibt noch andere Personen (Gruppen aus Experten usw.), die an der Beschlussfassung in der EU beteiligt sind, denn es ist wichtig, dass die richtigen Entscheidungen getroffen werden.

Morgen …

Besonders gefordert ist Europa heute, wenn es darum geht, den jungen Menschen Arbeitsplätze und eine gute Zukunft zu bieten. Dies ist nicht einfach, weil europäische Unternehmen im Wettbewerb mit Unternehmen in anderen Teilen der Welt stehen, die die gleiche Arbeit möglicherweise billiger erledigen können.

Es gibt weitere große Probleme, die nur von allen Ländern gemeinsam gelöst werden können, zum Beispiel:

> internationaler Terrorismus und Kriminalität,
> Hunger und Armut,
> Umweltverschmutzung und Klimawandel.

Die Europäische Union arbeitet an diesen Problemen, aber es ist nicht immer leicht für so viele verschiedene Regierungen und das Europäische Parlament, sich auf die richtige Vorgehensweise zu einigen. Hinzu kommt, dass die Regeln für den Entscheidungsprozess in der EU ziemlich kompliziert sind.

Außerdem glauben viele Menschen, dass sie allein mit der Wahl ihres Europaabgeordneten alle fünf Jahre nicht genügend Einfluss haben auf die Entscheidungen, die in Brüssel oder Straßburg getroffen werden.

… und in der weiteren Zukunft

Wir müssen also dafür sorgen, dass jeder sich zu den Entscheidungen der Europäischen Union äußern kann.

Wie geht das? Hast du gute Ideen, was man besser machen könnte? Was sind deiner Meinung nach die wichtigsten Probleme, mit denen sich die EU beschäftigen sollte? Was genau sollte sie tun?

Du könntest in der Klasse deine Ideen diskutieren, sie aufschreiben und an den zuständigen Abgeordneten im Europäischen Parlament schicken! Wer das ist und an welche Adresse man schreiben soll, kannst du hier herausfinden: **europarl.europa.eu**

Du kannst auch der Europäischen Kommission oder dem Parlament an eine der Adressen am Ende dieser Broschüre schreiben und vielleicht sogar mit deiner Klasse diese beiden Institutionen besuchen.

Heute seid ihr die Kinder Europas – in nicht allzu ferner Zukunft werdet ihr die Erwachsenen Europas sein.

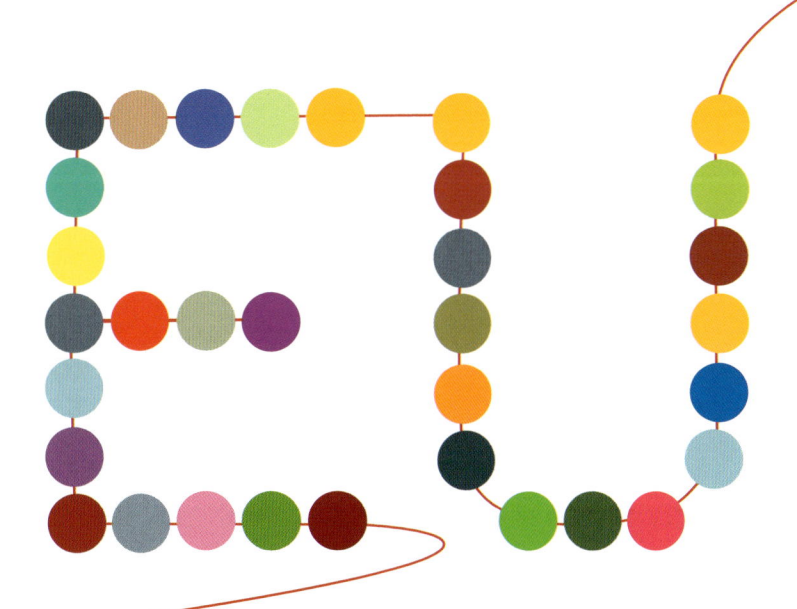

Wir alle entscheiden über die Zukunft – zusammen!

Nützliche Links

Für dich und Für deinen Lehrer

Lehrerecke

Um zu testen, was du in dieser Broschüre gelernt hast, könntest du im Internet das Spiel „Entdecke Europa!" spielen:

europa.eu/kids-corner/explore_de

Kinderecke

In der Kinderecke kannst du alles Mögliche über die Länder in der EU und über die EU erfahren. Dort gibt es auch jede Menge Spiele und Quizfragen!
europa.eu/kids-corner

Auf der Website „Die EU für Lehrer/-innen" bietet die Europäische Union eine Fülle von Lehrmaterial über die Union und ihre Tätigkeit an. Das Material wurde von den verschiedenen EU-Institutionen sowie staatlichen und nichtstaatlichen Einrichtungen entwickelt. Egal, ob allgemeine Anregungen für den Unterricht, Lehrmaterial für europäische Geschichte und Kultur oder aber Informationen über Themen wie Klimawandel und Energiesparmaßnahmen: Etwas Nützliches für alle Altersgruppen findet sich bestimmt unter dieser Adresse:

europa.eu/teachers-corner